조용히 그러나 신실하게 하나님 앞에 서서 살아가는 경건한
어머니들이 있다는 것은 아직 우리에게 희망이 남아있다는
증거입니다. 그들에게서 양육받고 자라난 아이들이 이 세상에
희망으로 드러날 것이기 때문입니다. 그러므로 이 책을 우리
시대의 모든 어머니들에게 드립니다.

하정완 목사와 성경읽기

야고보서,

믿음을
행동하라-

하정완 목사와 성경읽기

야고보서, 믿음을 행동하라

지은이·하정완
꾸민이·성상건
편집디자인·자연DPS

펴낸날·2024년 12월 20일
펴낸곳·도서출판 나눔사
주소·(우) 10270 경기도 고양시 덕양구 푸른마을로 15
　　　301동 1505호
전화·02)359-3429　팩스 02)355-3429
등록번호·2-489호(1988년 2월 16일)
이메일·nanumsa@hanmail.net

ISBN　978-89-7027-873-5　03230

값 6,000원
잘못된 책은 바꾸어 드립니다.

하정완 목사와 성경읽기

야고보서,

믿음을
행동하라

하정완 | 지음

나눔사

성경을 읽어야 사람은 살 수 있다

"태초에 하나님이 천지를 창조하시니라"(창1:1)

'하나님이 세상을 창조하셨다.' 하나님이 만드셨습니다. 여기서 잊지 말아야 할 것은 창조 이전의 모습입니다. 창세기는 이렇게 기록하였습니다.

"땅이 혼돈하고 공허하며 흑암이 깊음 위에 있고 하나님의 영은 수면 위에 운행하시니라"(창1:2)

하나님이 창조하시기 전 세상의 진실은 상상할 수 없는 혼란이었고, 어둠이었고, 절망이었습니다. 아무 것도 없었던 완벽한 카오스였습니다. 이 모습이 세상이었습니다.

그런데 우리도 이 세상의 일부였습니다. 창세기 2장에 나오는 하나님이 사람을 창조하시는 장면에서 우리의 근거가 기술되는 것을 알 수 있습니다.

"여호와 하나님이 땅의 흙으로 사람을 지으시고"(창2:7)

여기에서 "흙"이라는 말로 사용된 히브리어 '아파르'는, 단순한 흙이 아니라 '찌꺼기 더미'라는 뜻입니다. 그것이 혼돈과 공허한 것의 내용입니다. 우리의 본질적인 모습입니다.

'세상의 본질, 사람의 근거는 허무와 혼돈, 무지와 사악 그리고 무질서, 결핍과 공허였다.' 이것이 창세기가 말하고 있는 이 세상과 사람의 뿌리입니다. 한마디로 말해서 'nothing' 아무 것도 아니었습니다. 그런데 그 같은 허무와 공허에서 하나님이 창조하신 것입니다. 이 창조의 핵심은 말씀이었습니다.

"하나님이 이르시되 빛이 있으라 하시니 빛이 있었고... 그대로
되니라"(창1:3,7)

'빛이 있으라 하시니 빛이 있었다.' 세상이 바뀐 것입니다. 혼돈과 어둠이 밝혀진 것입니다. 그러나 중요한 것은 빛이 생긴 것이 아니라, 빛의 원인이 바로 하나님이 말씀하신 것에서 시작되었다는 것입니다. 하나님이 혼돈과 무질서한 세상에 말씀으로 질서를 두신 것입니다. 이 아름다운 창조를 요한복음은 이렇게 기록하였습니다.

"태초에 말씀이 계시니라 이 말씀이 하나님과 함께 계셨으니 이
말씀은 곧 하나님이시니라 그가 태초에 하나님과 함께 계셨고
만물이 그로 말미암아 지은 바 되었으니 지은 것이 하나도 그가
없이는 된 것이 없느니라"(요1:1-3)

창조의 핵심은 말씀이었습니다. 말씀으로 세상을 창조하신 것입니다. 말씀, 곧 성경이 중요한 이유입니다. 우리가 성경을 읽어야 하는 이유입니다. 말씀하는 순간 세상은 공허에서 질서가 잡혔고, 혼돈에서 소망이 생겼고, 죽음에서 생명이 드러났기 때문입니다. 그것이 창세기 1장이 말하고 있는 내용입니다.

"하나님이 이르시되 빛이 있으라 하시니 빛이 있었고"(창1:3)

그러므로 크리스천은 무조건 하나님의 말씀, 곧 성경으로 살아야 합니다. 더욱이 우리의 본질은 혼돈과 공허함이었기 때문입니다. 오로지 성경만이 우리를 다시 새롭게 빚으시고 창조하실 것이기 때문입니다. 성경을 읽어야 사람이 살 수 있는 결정적인 이유입니다. 성경 없이 우리가 살 길은 없기 때문입니다.

성경 66권 전부를 읽고 묵상하는 것은 모든 크리스천의 로망입니다. '하정완 목사와 성경 읽기' 시리즈는 그 같은 로망에 대한 개인적인 응답이자 한국 교회와 함께 하고 싶은 열망이기도 합니다.

이 근사한 성경 읽기를 할 수 있었던 것은 꿈이있는교회라는 토양 때문입니다. 그래서 꿈이있는교회와 사역자들 특히 원고를 정리해 준 김유빈 목사에게 감사를 드리며, 동시에 이 같은 출간을 흔쾌히 받아주신 나눔사 성상건 장로님과 직원들에게도 감사를 드립니다. 그러나 무엇보다 나의 신앙의 큰 지원자인 아내 서은희와 나의 주 하나님께 감사를 드립니다.

성서 한국을 꿈꾸며
하정완 목사

하정완 목사와 성경 읽기
책 사용 가이드

'하정완 목사와 성경 읽기' 시리즈는 성경을 읽되 가능한 깊이 묵상하며 읽는 것을 돕기 위하여 만들어졌습니다. 단순 통독이 아니라 깊은 묵상을 할 수 있도록 준비하였습니다.

1. 가능한 성경 본문을 읽고 생각하십시오.
가장 좋은 방법입니다. 제시된 성경 본문을 먼저 읽는 것입니다. 그리고 자신에게 주신 단어 혹은 구절에 대한 느낌을 꼭 적으시기 바랍니다.

2. 성경을 읽지 않아도 묵상할 수 있게 배려했습니다.
매우 성경 중심으로 글을 썼기 때문입니다. 비록 성경을 읽지 못한 상태로 읽어가도 충분히 이해할 수 있도록 성경을 인용하였습니다.

3. 묵상일기를 남기십시오.
반드시 글을 읽고 난 후에 '묵상' 란에 오늘 말씀을 통하여 깨닫게 된 것을 한 줄이라도 남기셔야 합니다. 일종의 묵상일기입니다.

4. 전체를 이어서 읽어도 됩니다.
매일 한 개씩 읽으면서 진행해도 되지만 전체를 이어 읽으면서 성경을 묵상하는 것도 좋은 방법입니다.

'성경 66권을 묵상하면서 읽다!'
이것이 목표입니다.

: : 차 례 : :

제1부

선한 욕망도 장성해야 한다

바울과 야고보

* Lexio 읽기 / 사도행전 11:19-30
가능하면 오늘의 본문을 먼저 읽는 것이 좋지만 바로 아래 글을 읽어도 좋습니다. 충분히 본문을 이해하도록 배려하며 글을 썼습니다. 혹시 본문을 읽으신 분은 감동이 오는 말씀이나 단어 혹은 느낌을 간단히 적으시면 좋습니다.

> "바나바가 사울을 찾으러 다소에 가서 만나매 안디옥에 데리고 와서 둘이 교회에 일 년간 모여 있어 큰 무리를 가르쳤고 제자들이 안디옥에서 비로소 그리스도인이라 일컬음을 받게 되었더라"
>
> (행11:25-26)

바나바가 다소에 있던 바울을 안디옥 교회 사역에 초청함으로 바울은 공식적인 사역을 시작할 수 있었습니다. 그즈음 예루살렘에서는 더 심한 박해가 있었고 이로 인해 "요한의 형제 야고보"(행12:2)가 헤롯 왕에 의해 죽임을 당합니다. 이처럼 예루살렘에서 기독교의 핍박과 유대인들의 강력한 박해가 있었지만 오히려 바울과 바나바는 더 열심히 복음을 증거하였습니다. 그리고 그 중심에 있던 안디옥 교회는 바울과 바나바를 선교사로 파송하였고 그들은 1차 전도여행을 다녀옵니다.

가는 곳마다 유대인들의 격렬한 반대가 있었지만, 복음 전파는 성공적이었습니다. 그리고 그들은 안디옥으로 다시 돌아왔습니다. 그런데 문제가 발생하였습니다. 예루살렘에서 온 몇몇 유대 크리스천들이 유대인에게만 구원이 있다고 주장하고 있었던 것입니다.

"어떤 사람들이 유대로부터 내려와서 형제들을 가르치되 너희가
모세의 법대로 할례를 받지 아니하면 능히 구원을 받지 못하리
라 하니 바울 및 바나바와 그들 사이에 적지 아니한 다툼과 변론
이 일어난지라"(행15:1-2)

해결해야 했습니다. 바울과 바나바는 예루살렘 사도회의의 공인을 얻
어야 했습니다. 그래서 그들은 예루살렘으로 가서 사도회의 대표인 감
독 야고보를 만납니다. 이처럼 야고보는 초대교회의 대표였고, 반면에
바울은 신참 전도자에 불과하였습니다.

물론 이것이 이들의 첫 번째 만남은 아니었습니다. 첫 번째 만남은
2세기 초 자료인 클레멘스의 문헌 "인식론"편을 보면 나오는데, 다소
의 사울이 야고보를 성전의 계단에서 밀어냈고 그의 제자들은 여리고
로 도망쳤다는 기록이 나옵니다. 그리고 또 한 번은 예루살렘에 큰 흉
년이 들어 어려움을 겪는다는 소식을 듣고 헌금을 모아 바나바와 바울
이 예루살렘 교회를 방문했을 때였습니다.

* **묵상질문**
바울과 야고보는 만남 자체가 갈등이었습니다. 하지만 갈등은 문제가 되지 않습니다. 그렇
게 시작하였습니다.

야고보서가 필요한 이유

* Lexio 읽기 / 사도행전 15:5-21
가능하면 오늘의 본문을 먼저 읽는 것이 좋지만 바로 아래 글을 읽어도 좋습니다. 충분히
본문을 이해하도록 배려하며 글을 썼습니다. 혹시 본문을 읽으신 분은 감동이 오는 말씀이
나 단어 혹은 느낌을 간단히 적으시면 좋습니다.

> "바리새파 중에 어떤 믿는 사람들이 일어나 말하되 이방인에게
> 할례를 행하고 모세의 율법을 지키라 명하는 것이 마땅하다 하
> 니라 사도와 장로들이 이 일을 의논하러 모여 많은 변론이 있은
> 후에"(행15:5-7)

예루살렘 회의 중 많은 변론이 있었지만 욥바 피장이 시몬의 집에서
본 환상을 토대로 이야기한 베드로의 간절한 설득, 한마디로 말해서 할
례를 받고 유대교로 개종도 하지 않았으며 율법을 따르지도 않지만 "하
나님이 우리에게와 같이 그들에게도 성령을 주어"(행15:8) 자신들과 차
별 없이 하나님이 역사했다는 말에 모두가 동의합니다(행15:12/온 무리
가 가만히 있어).

하지만 이러한 분위기에 제동을 건 사람은 야고보였습니다. 야고보
는 베드로의 말처럼 이방인들도 예수 그리스도를 믿을 수 있다는 것에
동의했지만 몇 가지 조건을 요청하였습니다. 그것은 "다만 우상의 더러
운 것과 음행과 목매어 죽인 것과 피를 멀리하라"(행15:20)라는 것이었습
니다. 그런 내용을 포함한 예루살렘 사도회의 의결을 편지로 써서 바울

일행을 돌려보냅니다.

어떻게 보면 야고보가 완전히 율법에서 자유한 것으로 보이지 않습니다. 실제로 바울이 3차 전도여행 후 예루살렘으로 돌아왔을 때 야고보의 태도를 보면 알 수 있습니다. 그때 예루살렘에는 바울을 적대하는 유대인들이 많았고 죽이려는 살해 특공대까지 결성된 상황이었습니다. 그런 바울에게 야고보는(행21:18) 해결책으로 유대인의 결례를 따른 정결 예식을 요청합니다(행21:24).

이와 같은 야고보의 태도 때문에 바울과 루터뿐만 아니라 많은 개신교 설교자들로부터 야고보서는 등한시 여겨진 것이 사실입니다. 하지만 야고보 역시 분명히 행위와 율법으로 구원에 이르는 것이 아니라 믿음으로 구원에 이르는 것에 전적으로 동의합니다. 그러나 구원받은 자들은 행위로 자신의 믿음을 드러내야 하고, 그런 의미에서 율법이 필요하다는 입장을 견지했던 것입니다.

이런 야고보의 입장은 오늘 사회 구조에서 꼭 필요한 것이 틀림없습니다. 오늘의 교회와 구원받은 이들의 방종과 타락의 이유가 성숙 없이 은혜로 모든 것을 대하고 해석했기 때문입니다.

* 묵상질문
삶으로 드러나지 않는 믿음을 가진 자가 온전한 크리스천이라 말할 수 있습니까?

시험을 기쁘게 여기라

* Lexio 읽기 / 야고보서 1:1-2
가능하면 오늘의 본문을 먼저 읽는 것이 좋지만 바로 아래 글을 읽어도 좋습니다. 충분히 본문을 이해하도록 배려하며 글을 썼습니다. 혹시 본문을 읽으신 분은 감동이 오는 말씀이나 단어 혹은 느낌을 간단히 적으시면 좋습니다.

"내가 너로 큰 민족을 이루고 네게 복을 주어 네 이름을 창대하게 하리니 너는 복이 될지라 너를 축복하는 자에게는 내가 복을 내리고 너를 저주하는 자에게는 내가 저주하리니 땅의 모든 족속이 너로 말미암아 복을 얻을 것이라"(창12:2-3)

아브라함에게 주신 이 놀라운 메시지 중 "너는 복이 될지라"라는 말씀에 우리는 특히 집중합니다. 그리고 이 말씀은 예수만 믿으면 모든 문제가 해결되고 물질적으로도 축복을 받는다는 만사형통 이야기로 변형됩니다. 하지만 이 말씀에서 간과된 것이 있는데, 바로 "복의 근원"(개역한글)으로 세우시고 그렇게 축복하신 이유가 "땅의 모든 족속이 너로 말미암아 복을 얻을 것"이라는 목적의 말씀을 간과한 것입니다. 그저 "큰 민족", "네 이름을 창대하게 하리니", "너를 축복하는 자에게는 내가 복을 내리고 너를 저주하는 자에게는 내가 저주하리니" 이와 같은 말씀에만 주의한 것입니다. 그 순간 "땅의 모든 족속"에게 하나님의 축복을 유통해야 하는 매우 중요한 목적을 잊어버린 것입니다.

언제부터인가 크리스천들은 자신들을 축복하는 것만이 하나님이 뜻이라고 제한하여 해석하기 시작했습니다. 그때부터 이웃이 보이지 않았고, 세상을 향한 자신의 역할이나 존재의 목적은 잃어버리게 되었습니다. 존재의 이유를 놓친 것입니다.

하나님은 본질적으로 우리를 축복하십니다. 하지만 우리만 잘 먹고 잘 사는 것이 우리의 최종 목표가 아닙니다. 분명히 복을 모든 민족에게 유통하며 하나님 나라의 가치에 이끌려 사는 것이 중요합니다. 그런데 그것을 소홀히 여긴 것입니다. 이 같은 잘못된 인식에 이르자 자신들에게 다가오는 시험이나 어려움들에 대하여 불평하기 시작하였습니다. 그 것이 이스라엘의 역사이자 우리 신앙의 역사입니다.

같은 의미에서 한국교회는 그동안 하나님의 축복에만 집착한 측면이 있습니다. 우리를 향한 하나님의 목적은 잃어버리고 자신만 바라본 것입니다. 실제로 세계 교회 역사를 보면 침체된 교회의 발자취에는 화려하게 지은 교회 건물이 마지막이었습니다. 그들은 기막힌 건물을 짓고 그것으로 만족하다가 죽었습니다. 목적, 하나님의 계획은 잊고 말입니다. 그러므로 '여러 가지 시험을 기쁘게 여기라'는 야고보의 권면은 중요합니다.

> "내 형제들아 너희가 여러 가지 시험을 당하거든 온전히 기쁘게
> 여기라"(약1:2)

＊ 묵상질문
'시험을 기쁘게 여기라!' 이런 권면이 동의되십니까?

내가 만났던 시험

* Lexio 읽기 / 야고보서 1:2

가능하면 오늘의 본문을 먼저 읽는 것이 좋지만 바로 아래 글을 읽어도 좋습니다. 충분히 본문을 이해하도록 배려하며 글을 썼습니다. 혹시 본문을 읽으신 분은 감동이 오는 말씀이나 단어 혹은 느낌을 간단히 적으시면 좋습니다.

"너희가 여러 가지 시험을 당하거든 온전히 기쁘게 여기라"(약1:2)

"온전히 기쁘게 여기라". 야고보는 시험이 기쁜 일이라고 말합니다. 그것이 어떤 종류든지 간에 하나님은 시험, 곧 시련을 당할 때에도 우리와 함께 계시기 때문입니다. 이제는 "시험"에 대해 좀 더 세분화해서 살피겠습니다. 먼저 시험에는 여러 가지 종류가 있습니다.

첫째는 하나님이 하시는 시험입니다. 광야에서 이스라엘을 수없이 시험하셨던 하나님께서는 지금도 시련을 통하여 우리를 단련하실 수 있습니다. 이때 시험은 제한적입니다. "시험"이라고 번역된 '페이라스모스'가 '테스트'(test)의 의미를 갖는 이유입니다.

"사람이 감당할 시험 밖에는 너희가 당한 것이 없나니 오직 하나님은 미쁘사 너희가 감당하지 못할 시험 당함을 허락하지 아니하시고 시험 당할 즈음에 또한 피할 길을 내사 너희로 능히 감당하게 하시느니라"(고전10:13)

그런데 '페이라스모스'는 '시련'(trial)이란 의미도 갖고 있습니다. 이것은 다시 두 가지 종류의 "시험"의 의미로 나눠 볼 수 있습니다. 그중 하나는 이 세상이 악하기 때문에 다가오는 시험입니다. 정말로 이유 없는 고통이 올 수 있습니다. 그러나 그때에도 의심하지 말아야 할 것은 하나님이 계시다는 것과 나의 모든 삶의 영역을 이끄신다는 사실입니다. 사도 요한은 예수님의 말씀을 통하여 이 사실을 강조하였습니다.

> "세상에서는 너희가 환난을 당하나 담대하라 내가 세상을 이기었 노라"(요16:33)

그리고 나머지 하나는 내가 잘못하고 실수하여 다가오는 시험입니다. 이것은 하나님으로부터 오는 것이 아닙니다. 그런데 야고보는 "여러 가지 시험"이라는 표현을 사용하여 하나님은 우리가 자초한 시련 가운데도 개입하셔서 섭리하심을 말합니다. 그 사실을 바울도 알고 있었습니다.

> "하나님을 사랑하는 자 곧 그의 뜻대로 부르심을 입은 자들에게 는 모든 것이 합력하여 선을 이루느니라"(롬8:28)

* 묵상질문
한번 생각해 보십시오. 내가 만나거나 만났던, 시험 혹은 시련들은 세 가지 중 어떤 모습이었는지 말입니다. 혹 그 과정 중에 하나님의 개입을 경험하신 적이 있습니까?

인내를 온전히 이루라

* Lexio 읽기 / 야고보서 1:3-4
가능하면 오늘의 본문을 먼저 읽는 것이 좋지만 바로 아래 글을 읽어도 좋습니다. 충분히 본문을 이해하도록 배려하며 글을 썼습니다. 혹시 본문을 읽으신 분은 감동이 오는 말씀이나 단어 혹은 느낌을 간단히 적으시면 좋습니다.

> "내 형제들아 너희가 여러 가지 시험을 당하거든 온전히 기쁘게
> 여기라"(약1:2)

"시험을 당하거든 온전히 기쁘게 여기라". 참 어려운 이야기입니다. 왜 어렵습니까? 늘 편하고 쉬운 방법과 축복과 성공을 주시는 하나님으로만 이해하기 때문입니다. 잘못 이해한 것입니다. 우리의 존재 이유는 이 세상에서 배를 두드리며 편안하게 사는 것이 아닙니다. 하나님의 구속받은 자녀들로 더 높은 가치에 사로잡혀 살아야 하는 사람들입니다.

그러므로 여러 가지 시험, 우리가 스스로 자초한 시험이든지 아니면 하나님의 시험이든지 상관없이 하나님은 언제나 함께 계시고 섭리하시며 간섭하십니다.

> "이는 너희 믿음의 시련이 인내를 만들어 내는 줄 너희가 앎이라
> 인내를 온전히 이루라 이는 너희로 온전하고 구비하여 조금도
> 부족함이 없게 하려 함이라"(약1:3-4)

그러므로 우리에게 필요한 것은 그 시험들 앞에서 불평하는 것이 아니라 직면하여 인내하고 극복하는 것입니다. 그것을 통하여 우리는 형질이 바뀌어 새로운 존재가 되기 때문입니다. 4절을 공동번역으로 읽어보면 이해가 쉽습니다.

> "인내력을 한껏 발휘하십시오. 그러면 여러분은 조금도 흠잡을
> 데 없이 완전하고도 원만한 사람이 될 것입니다."(공동번역/약1:4)

즉 어떤 상황이 닥치더라도 호들갑을 떨지 않고 여유 있게 바라보는 존재, 마치 홍해 앞에서도 동요하는 이스라엘을 향하여 전혀 흔들림이 없이 담대하게 외치던 모세처럼 성숙되고 온전한 모습을 보이게 되는 것입니다.

> "너희는 두려워하지 말고 가만히 서서 여호와께서 오늘 너희를
> 위하여 행하시는 구원을 보라 너희가 오늘 본 애굽 사람을 영원
> 히 다시 보지 아니하리라 여호와께서 너희를 위하여 싸우시리니
> 너희는 가만히 있을지니라"(출14:13-14)

* 묵상질문
바로 이 모습이 하나님께서 마음껏 쓰실 수 있는 모습입니다. 물론 하루아침에 된 것은 아니지만 우리가 추구해야 할 모습입니다. 잊지 마십시오.

지혜가 부족하기 때문에

* Lexio 읽기 / 야고보서 1:5

가능하면 오늘의 본문을 먼저 읽는 것이 좋지만 바로 아래 글을 읽어도 좋습니다. 충분히 본문을 이해하도록 배려하며 글을 썼습니다. 혹시 본문을 읽으신 분은 감동이 오는 말씀이나 단어 혹은 느낌을 간단히 적으시면 좋습니다.

> "여러 가지 시험을 당하거든 온전히 기쁘게 여기라 이는 너희 믿
> 음의 시련이 인내를 만들어 내는 줄 너희가 앎이라"(약1:2-3)

시험에 대한 이야기를 하다가 갑자기 지혜에 대한 이야기로 바뀝니다. 그리고 12절에 다시 시험에 대한 이야기로 이어집니다. 그렇다면 5절부터 11절까지는 시험과 관련된 부가적 이해임을 알 수 있습니다.

그렇다면 어떤 이해를 위한 글입니까? 우리들은 많은 경우 시험을 당할 때 시험을 이기지 못하고 무너집니다. 시험을 만날 때 겪는 가장 심각한 문제입니다. 이런 질문을 가지고 5절을 읽으면 문제를 해결할 어떤 실마리를 발견할 수 있습니다.

> "너희 중에 누구든지 지혜가 부족하거든 모든 사람에게 후히 주
> 시고 꾸짖지 아니하시는 하나님께 구하라 그리하면 주시리라"
> (약1:5)

시험을 이야기하면서 "누구든지 지혜가 부족하거든"이라고 기록된 말

씀을 통해 시험을 이기는 열쇠가 "지혜"에 있음을 우리는 알 수 있습니다. 알다시피 잠언은 온통 그 지혜를 말합니다.

사실 "지혜와 관련된 것으로서 시험이 지닌 주제는 지혜 전승 내에서 공통적인 특징들"(랄프 P. 마틴, 야고보서, 167쪽)입니다. 특히 지혜 전승 중 솔로몬의 지혜서(Wisdom of Solomon)를 보면 지혜로운 사람들이 시험을 이기는 방법을 이렇게 적었습니다.

'내가 기도했더니 이해력이 주어졌다. 나는 하나님께 요청했고 지혜의 영께서 내게 오셨다(솔로몬의 지혜서/7:7). 만약 하나님께서 내게 주시기를 허락하지 않으신다면 내가 지혜를 소유할 수 없다는 걸 깨달았다... 결국 나는 주님께 호소했고 전심으로 간구했다(솔로몬의 지혜서/8:21).'

바로 이런 이유 때문에 시련을 겪을 때 믿음의 의인들은 지혜를 구합니다(솔로몬의 지혜서/5:1-14). 야고보가 지혜를 권면한 것처럼 말입니다.

> "누구든지 지혜가 부족하거든... 하나님께 구하라 그리하면 주시리라"(약1:5)

* 묵상질문
우리가 시험에 깊이 빠지는 이유는 지혜가 없기 때문입니다. 어떻게 생각하십니까?

의심의 문제, 예배의 문제

* Lexio 읽기 / 야고보서 1:6-8

가능하면 오늘의 본문을 먼저 읽는 것이 좋지만 바로 아래 글을 읽어도 좋습니다. 충분히 본문을 이해하도록 배려하며 글을 썼습니다. 혹시 본문을 읽으신 분은 감동이 오는 말씀이나 단어 혹은 느낌을 간단히 적으시면 좋습니다.

> "누구든지 지혜가 부족하거든... 하나님께 구하라 그리하면 주시
> 리라"(약1:5)

이런 질문을 할지도 모르겠습니다. '구하는데 왜 지혜가 여전히 부족한가?' 이에 대해 야고보는 우리들의 의심하는 마음 때문이라고 말합니다.

> "오직 믿음으로 구하고 조금도 의심하지 말라 의심하는 자는 마
> 치 바람에 밀려 요동하는 바다 물결 같으니 이런 사람은 무엇이
> 든지 주께 얻기를 생각하지 말라"(약1:6-7)

좀 더 구체적으로 "두 마음"(약1:8)을 품었기 때문에 벌어지는 것이라 설명합니다. 두 마음, 그러니까 하나님을 의존하는 마음과 내 뜻대로 살고 싶어 하는 마음입니다. 하나님을 구하는 마음과 나의 유익을 구하는 마음입니다. 결국 지혜는 전적으로 하나님과 연결될 때 다가오는 거룩한 축복이고 은사인 까닭에 하나님을 의심하면서 양다리를 걸친 이들에게 지혜가 생길 수 없는 것은 당연합니다. 잠언 기자도 같은 이야기를

하였습니다.

> "네 귀를 지혜에 기울이며 네 마음을 명철에 두며 지식을 불러 구
> 하며 명철을 얻으려고 소리를 높이며 은을 구하는 것 같이 그것
> 을 구하며 감추어진 보배를 찾는 것 같이 그것을 찾으면 여호와
> 경외하기를 깨달으며 하나님을 알게 되리니"(잠2:2-5)

분명히 하나님의 지혜를 가진 자는 시험에서 벗어날 방법을 얻습니
다. 동시에 선한 길로, 의인의 길로 갈 수 있는 능력이 생깁니다.

> "지혜가 또 너를 음녀에게서, 말로 호리는 이방 계집에게서 구원
> 하리니... 지혜가 너를 선한 자의 길로 행하게 하며 또 의인의 길
> 을 지키게 하리니"(잠2:16,20)

반면에 지혜가 없을 때 그 마음을 지배하는 것은 의심입니다. 흔들리
는 의심의 상태일 때 자기 연민에 기울어지는 인간의 죄성은 악과 어리
석음을 선택합니다. 지혜가 없기 때문입니다. 그렇다면 지혜는 어떻게
오는 것입니까? 잠언 기자는 하나님을 두려워하는 것이 시작이라고 말
합니다.

> "야훼를 두려워하여 섬기는 것이 지혜의 근본이요, 거룩하신 이
> 를 깊이 아는 것이 슬기다."(공동번역/잠9:10)

* 묵상질문
지혜의 부족은 예배의 문제입니다. 잊지 마십시오.

자신을 자랑할만하다

* Lexio 읽기 / 야고보서 1:9

가능하면 오늘의 본문을 먼저 읽는 것이 좋지만 바로 아래 글을 읽어도 좋습니다. 충분히 본문을 이해하도록 배려하며 글을 썼습니다. 혹시 본문을 읽으신 분은 감동이 오는 말씀이나 단어 혹은 느낌을 간단히 적으시면 좋습니다.

"지혜를 버리지 말라 그가 너를 보호하리라 그를 사랑하라 그가
너를 지키리라"(잠4:6)

우리가 지혜를 구해야 하는 가장 근본적인 이유는 우리가 생물학적인 존재에 불과하지 않고 하나님으로부터 비롯된 하나님의 자녀이기 때문입니다. 그 순간 세상의 기준과 잣대로 평가할 수 없는 영역이 생긴 것입니다. 야고보의 권면이 그런 뜻입니다.

"낮은 형제는 자기의 높음을 자랑하고"(약1:9)

오늘 본문에서 "낮은 형제"라고 번역된 부분을 공동번역에서는 "가난한 형제", 표준새번역은 "비천한 신도"라고 번역하였습니다. 번역이 이처럼 다른 것처럼 "낮은"으로 번역된 헬라어 단어 '타페이노스'가 단순히 경제적인 의미에서 가난하다는 의미만이 아니라 사회적 위상도 비천하다는 의미를 내포하기 때문입니다.

당시 크리스천들이 그랬습니다. 그들은 대체적으로 가난하였고 사회

적으로 멸시받고 능욕 받는 위치에 있었습니다. 그런데 야고보가 이런 위치에 있는 크리스천들에게 매우 의외의 권면을 했습니다. '자기의 높음을 자랑하라'고 한 것입니다. 그것도 과도하게 자랑할 것을 말하고 있습니다. 여기서 쓰인 '자랑하다'라는 의미의 단어 '카우카오마이'는 주로 자기 의로움이나 교만을 표현할 때 쓰이는 부정적인 의미의 단어입니다. 그러므로 야고보가 이 단어를 사용한 것은 우리가 충분히 자랑할 만큼 진실로 높은 위치에 있는 존재라는 것을 강조하기 위함입니다. 공동번역은 그것을 잘 표현하였습니다.

"가난한 형제는 하나님께서 높여 주시는 것을 기뻐하고"
(공동번역/약1:9)

지혜는 우리를 이런 깨달음에 이르게 할 것입니다. 예수를 믿음으로 본질적으로 새로워진 하나님의 자녀가 되었기 때문입니다. 그러므로 이 세상 구조 속에서 제시하는 평가 기준을 따라 비굴해지거나 자신의 초라해짐으로 괴로워할 필요가 없습니다. 우리가 하나님의 자녀이기 때문입니다. 오히려 야고보는 어깨를 펴고 살라고 권면하는 것입니다.

* 묵상질문
그리스도 안에서 우리는 충분히 아름답고 놀라운 존재입니다. 어깨 펴고 사셔도 됩니다. 잊지 마십시오.

무엇을 자랑해야 옳은가

* Lexio 읽기 / 야고보서 1:10-11
가능하면 오늘의 본문을 먼저 읽는 것이 좋지만 바로 아래 글을 읽어도 좋습니다. 충분히 본문을 이해하도록 배려하며 글을 썼습니다. 혹시 본문을 읽으신 분은 감동이 오는 말씀이나 단어 혹은 느낌을 간단히 적으시면 좋습니다.

> "가난한 형제는 하나님께서 높여 주시는 것을 기뻐하고"
>
> (공동번역/약1:9)

야고보는 "낮은 형제"와 대립되는 대상으로 "부한 자"를 언급합니다. 재미있는 것은 "낮은 형제"에서 쓰인 "형제"(헬라어/아델포스)란 의미를 "부한 자"를 말할 때는 쓰지 않았습니다. 물론 "부한 자" 역시 예수를 믿는 사람이고, 이들도 자랑할 것이 있습니다. 공동번역이 그 뉘앙스를 좇아 재미있게 번역하였습니다.

> "부요한 형제는 하나님께서 낮추어 주시는 것을 기뻐하십시오.
> 아무리 부요한 사람이라도 들에 핀 꽃처럼 사라지게 마련입니
> 다."(공동번역/약1:10)

세속적인 기준에서 볼 때 부요함이 근사해 보이지만 종말론적 관점에서 볼 때는 그 부요함이 오히려 비참할 수 있다고 야고보는 말한 것입니다. 디벨리우스(M. Dibelius)는 이 부분을 이렇게 해석합니다.

"부자는 자신의 날을 소유했다. 그가 미래에 기대할 수 있는 전부는 [심판 날]의 비천함이다. 그것은 그가 자랑할 수 있는 유일한 것이다." (M. Dibelius, James: A Commentary on the Epistle of James, 85. 랄프 P. 마틴, 179쪽, 재인용)

야고보는 이러한 모습을 설명하기 위하여 팔레스타인 들판에서 흔히 볼 수 있는 시로코 열풍(sirocco)을 예로 들었습니다. 화려하게 피어난 꽃도 몹시 뜨거운 바람, 시로코가 불면 한순간에 시들어버리는 모습을 언급하여 진정 자랑할 것이 무엇인지를 은유적으로 말하였습니다.

> "해가 돋고 뜨거운 바람이 불어 풀을 말리면 꽃이 떨어져 그 모양
> 의 아름다움이 없어지나니 부한 자도 그 행하는 일에 이와 같이
> 쇠잔하리라"(약1:11)

우리가 만나는 대부분의 시험은 이 세상과 물질에 집착하기 때문입니다. 거기에 연연합니다. 그래서 앞에서 지혜를 언급한 것입니다. 하나님으로부터 오는 지혜로 우리는 모든 종류의 시험을 이길 수 있습니다. 지혜가 시험을 이기도록 우리를 돕기 때문입니다.

* 묵상질문
부요한 자, 세속적으로 모든 것이 잘 될 때 무엇을 기억하고 무엇을 자랑해야 지혜로운 것입니까?

자기 욕심에 끌려 시험에 빠지다

* Lexio 읽기 / 야고보서 1:12-14

가능하면 오늘의 본문을 먼저 읽는 것이 좋지만 바로 아래 글을 읽어도 좋습니다. 충분히 본문을 이해하도록 배려하며 글을 썼습니다. 혹시 본문을 읽으신 분은 감동이 오는 말씀이나 단어 혹은 느낌을 간단히 적으시면 좋습니다.

> "해가 돋고 뜨거운 바람이 불어 풀을 말리면 꽃이 떨어져 그 모양
> 의 아름다움이 없어지나니"(약1:11)

오랜 날 동안 균형 있게 말씀을 전하고 좋은 책들로 사람들에게 강한 도전을 주며 목회해 왔던 유명한 캠퍼스 사역 목회자가 어느 날 교회에서 자신을 돕는 비서와 간음을 범합니다. 모든 것이 한순간에 무너졌습니다. 그는 당시 IVF(미국 기독학생회) 회장으로 재직하고 있었고, 『내면 세계의 질서와 영적 성장』을 쓴 고든 맥도날드 목사였습니다.

그에게 찾아온 "뜨거운 바람"에 넘어진 것입니다. 그는 단단해 보였지만 단단한 존재가 아니었습니다. 시험 앞에 그가 무너진 것에서 알 수 있습니다. 그는 그 시험을 이길만한 내면적인 힘이 없었습니다.

그러므로 시험과 유혹이 밀려올 때 그것을 견딜 수 있는 사람은 복된 사람입니다. 야고보는 그것을 강조합니다.

"시련을 견디어 내는 사람은 행복합니다. 시련을 이겨 낸 사람은

생명의 월계관을 받을 것입니다. 그 월계관은 하나님께서 당신
을 사랑하는 사람들에게 주시겠다고 약속하신 것입니다."

(공동번역/약1:12)

어느 날 다윗에게 유혹이 찾아왔을 때 그도 이길 수 있는 힘이 없었
습니다. 그는 정확하게 유혹을 좇아 행동했습니다. 여기서 행여라도 유
혹이 하나님의 시험이라는 어리석은 말을 해서는 안 됩니다. 그가 시험
을 견디어 낼만한 힘 있는 존재가 아니었을 뿐입니다.

"사람이 시험을 받을 때에 내가 하나님께 시험을 받는다 하지 말
지니 하나님은 악에게 시험을 받지도 아니하시고 친히 아무도
시험하지 아니하시느니라"(약1:13)

매우 정확하게 그가 받는 시험은 자신이 스스로 유혹에 빠진 것 때
문입니다. 그 근원은 자기 욕심(헬라어/에피뒤미아, NIV/his own evil
desire)이었습니다.

"오직 각 사람이 시험을 받는 것은 자기 욕심에 끌려 미혹됨이니"

(약1:14)

* 묵상질문
상당수 시험에 빠지는 것은 자기 욕심에 끌려 벌어지는 일입니다. 자기 부정 훈련을 멈추
지 말아야 하는 이유입니다.

에피뒤미아의 두 의미

* Lexio 읽기 / 야고보서 1:14

가능하면 오늘의 본문을 먼저 읽는 것이 좋지만 바로 아래 글을 읽어도 좋습니다. 충분히 본문을 이해하도록 배려하며 글을 썼습니다. 혹시 본문을 읽으신 분은 감동이 오는 말씀이나 단어 혹은 느낌을 간단히 적으시면 좋습니다.

"오직 각 사람이 시험을 받는 것은 자기 욕심에 끌려 미혹됨이니"

(약1:14)

야고보는 시험의 요인을 "자기 욕심에 끌려"라고 말합니다. 우리 안에서 발생한 욕심(헬라어/에피뒤미아, NIV/his own evil desire)으로 인해 미혹되었다는 뜻입니다. NIV가 적극적으로 번역한 우리 안에 괴물처럼 자리 잡은 '악한 욕망'(evil desire) 때문입니다. 그래서 우리는 기도하면서도 죄를 계획하고, 예배를 드리면서도 더러운 마음을 먹는 것이며 주님 안에서 형제자매를 이야기하면서도 불순한 의도를 갖기도 하는 것입니다.

그런데 재미있는 것은 욕심이라고 번역된 '에피뒤미아'가 반드시 악한 충동이라는 의미에서만 쓰이는 것이 아니라는 점입니다. 어떤 때는 좋은 의미의 욕구로 쓰이기도 합니다. 예를 들어 예수님이 제자들과 함께 유월절 만찬을 먹기를 원하셨을 때, 그 간절함을 표현하기 위하여 '에피뒤미아'를 사용했습니다.

"내가 고난을 받기 전에 너희와 함께 이 유월절 먹기를 원하고 원하였노라"(눅22:15)

헬라어 성경으로 읽어보면 '에피뒤미아 에피뒤메오'로, 명사형과 동사형을 사용하여 강조하는 표현임을 알 수 있습니다. 당연히 여기서 '에피뒤미아'는 선한 욕망으로 표현되고 있음을 알 수 있습니다.

그러니까 우리 안에서 흘러나오는 욕망(헬라어/에피뒤미아, NIV/desire)이 나쁜 것이 아니라 그 욕망을 지배하고 있는 근원적으로 타락한 우리의 죄성이 문제인 것입니다. 그러므로 우리의 '에피뒤미아'는 반드시 하나님에 의해 통치되어야 합니다. 하나님이 통치하시는 욕망은 무한한 가능성으로의 발전을 이루기 때문입니다. 반면에 하나님의 통치가 이뤄지지 않은 욕망은 타락한 죄성으로 인해 악한 욕망으로 발전될 수 있습니다.

'에피뒤미아'의 두 의미처럼 우리는 무한히 아름답게 성장할 가능성이 있지만 동시에 무한히 악해질 가능성도 갖고 있습니다. 이제 남은 것은 자기 욕심(evil desire)에 끌려 살지 않고 하나님 안에서 발생한 내 안의 선한 욕심을 어떻게 극대화하여 사는가 하는 것입니다.

* 묵상질문
살펴보십시오. 나는 어떤 욕망에 이끌려 살고 있습니까?

선한 욕망도 장성해야 한다

* Lexio 읽기 / 야고보서 1:15

가능하면 오늘의 본문을 먼저 읽는 것이 좋지만 바로 아래 글을 읽어도 좋습니다. 충분히
본문을 이해하도록 배려하며 글을 썼습니다. 혹시 본문을 읽으신 분은 감동이 오는 말씀이
나 단어 혹은 느낌을 간단히 적으시면 좋습니다.

"오직 각 사람이 시험을 받는 것은 자기 욕심에 끌려 미혹됨이니"

(약1:14)

우리가 주님 앞에 서서 살기로 했다는 것은 내 안에 있는 악한 욕망
(evil desire)에 의해 자신을 방치하지 않고 내 안에 있는 선한 욕망을 극
대화하기로 했다는 말입니다. 더 쉽게 말하면 하나님의 통치 아래 나의
욕망을 두기로 했다는 말입니다. 바로 그때 우리는 말할 수 없이 놀라운
존재로 살 가능성이 열리는 것입니다.

하지만 쉽지 않습니다. 우리는 매우 자동적으로 자기 연민과 더불어
악한 욕망에 사로잡혀 살고 싶어 합니다. 오랜 시간 동안 방치된 채 악
한 충동을 좇아 살아온 것이 자신의 생활 방식(life style)이 되어버렸기
때문입니다. 마치 마당에 가득 있는 잡초들처럼 뽑고 뽑아도 금방 다시
무성해지는 것과 같습니다. 더욱이 무성해진 것은 하루아침에 일어난
것이 아니라 오랜 날 동안 진행된 까닭입니다. 그러니까 욕심이 잉태되
어 고착화된 죄로 장성할 때까지 방치했기 때문입니다.

"욕심이 잉태한즉 죄를 낳고 죄가 장성한즉 사망을 낳느니라"
(약1:15)

그러므로 우리는 무슨 운명과 같은 결단이 필요합니다. 잡초를 뽑은 그 자리에 꽃이나 나무를 심는 전혀 다른 행위가 필요합니다. 소극적인 풀 뽑기가 아니라 다른 것을 심는 적극적인 전면적 개혁이 필요합니다. 전혀 다른 존재가 되도록 끊임없이 훈련해야 합니다. 물론 꽃과 나무를 심어도 잡초는 여전히 피어날 수 있습니다. 그러므로 잡초는 계속 뽑아야 합니다. 그러던 어느 날 사라진 것을 보게 될 것입니다. 잡초가 완전히 사라진 이유는 매일 뽑았기 때문입니다. 매일 자신을 가꾸고 선한 욕망을 좇아 사는 것이 생활이 되었기 때문입니다.

우리에게는 예배가 삶이 되고, 기도와 말씀 묵상이 생활이 되어야 합니다. 죄와 싸우는 것도 마찬가지이며, 절대로 욕망을 좇아 행하는 죄를 묵혀 두어서는 안 됩니다. 루터의 이야기처럼 어쩌다 한번 새똥을 머리에 맞을 수는 있어도 새가 머리에 둥지를 틀도록 허용해서는 안 됩니다. 자신을 방임하고 유기시켜서는 안 됩니다.

* 묵상질문
선한 욕망도 장성해야 합니다. 그런 의미에서 나는 쉼 없이 훈련하고 있습니까?

구원 계획의 중심에 있다

* Lexio 읽기 / 야고보서 1:16-18

가능하면 오늘의 본문을 먼저 읽는 것이 좋지만 바로 아래 글을 읽어도 좋습니다. 충분히
본문을 이해하도록 배려하며 글을 썼습니다. 혹시 본문을 읽으신 분은 감동이 오는 말씀이
나 단어 혹은 느낌을 간단히 적으시면 좋습니다.

- -

- -

> "욕심이 잉태한즉 죄를 낳고 죄가 장성한즉 사망을 낳느니라"
>
> (약1:15)

그러므로 하나님의 통치를 받는 선한 욕망을 따라 사는 삶을 추구해
야 합니다. 내 안에서 흘러나오는 육체적인 음성이나 잘못된 악한 충동
에 이끌리지 않고 주님의 음성에 귀를 기울여 살아야 합니다. 그래서 야
고보 기자는 "속지 말라"(약1:16)라고 권면한 것입니다.

가끔 우리가 하나님을 오해해서 하나님의 순전성이나 하나님의 존재
됨을 의심할 때도 있지만 하나님은 언제나 동일하십니다. 더욱이 하나님
께서 우리에게 주시는 은혜와 은사는 완전하며, 얼마든지 그것으로 이
세상을 이기며 살 수 있고 우리 앞에 오는 유혹과 어려움을 이겨낼 수
도 있습니다. 하나님의 계획과 마음은 언제나 분명하기 때문입니다.

> "나의 사랑하는 형제 여러분, 속지 마십시오. 온갖 훌륭한 은혜와
> 모든 완전한 선물은 위로부터 오는 것입니다. 하늘의 빛들을 만
> 드신 아버지께로부터 내려오는 것입니다. 하나님 아버지는 변함

도 없으시고 우리를 외면하심으로써 그늘 속에 버려두시는 일도 없으십니다."(공동번역/약1:16–17)

이처럼 하나님께서 변함없이 우리를 인도하시는 이유는 무엇입니까? 우리가 하나님의 자녀이기 때문이지만, 동시에 우리를 통하여 이루고 싶어 하시는 하나님의 계획이 있기 때문입니다.

"그가 그 피조물 중에 우리로 한 첫 열매가 되게 하시려고 자기의 뜻을 따라 진리의 말씀으로 우리를 낳으셨느니라"(약1:18)

원래 "첫 열매"를 의미하는 '아파르케'는 이스라엘의 제사의식과 관련된 단어이지만 동시에 사람과 연결시켜서 첫 열매는 "장자"(출4:22), '거룩하게 택함 받은 백성'(신7:6)이란 의미로 쓰입니다. 그러니까 우리들 모두가 "첫 열매", 곧 아브라함처럼 모두 믿음의 조상으로 부름받았다는 뜻입니다. 아브라함을 부르실 때 말씀하신 것처럼 세상 모든 민족이 바로 우리를 통해 구원받고 회복되길 원하시는 계획을 세우신 것입니다.

* **묵상질문**
우리는 하나님의 구원 계획 중심에 있습니다. 이를 위해 은사와 모든 선물을 허락하실 것입니다. 그러므로 쉬지 말고 정진해야 합니다. 잊지 마십시오.

제 2 부

들은 대로 살지 않으면 자신을 잊는다

속히 듣기

* Lexio 읽기 / 야고보서 1:19

가능하면 오늘의 본문을 먼저 읽는 것이 좋지만 바로 아래 글을 읽어도 좋습니다. 충분히 본문을 이해하도록 배려하며 글을 썼습니다. 혹시 본문을 읽으신 분은 감동이 오는 말씀이나 단어 혹은 느낌을 간단히 적으시면 좋습니다.

"하나님께서는 뜻을 정하시고 진리의 말씀으로 우리를 낳으셨습니다. 그래서 우리는 모든 피조물의 첫 열매가 된 것입니다."

(공동번역/약1:18)

야고보는 시작부터 교회와 크리스천들이 만나고 있는 현실적인 문제인 시험에 대하여 언급하였지만, 이제부터 본격적으로 편지는 직설적으로 주제를 좁힙니다. 언어의 문제입니다. 이 문제는 야고보가 매우 중요하게 다루는 주제였습니다. 선하고 놀라운 일을 하기 전에 먼저 주의할 것이 매우 현실적인 문제인 '언어'라고 본 것입니다. 그중에서도 첫 번째 주의할 것은 '듣는 것'이라고 말합니다.

"내 사랑하는 형제들아 너희가 알지니 사람마다 듣기는 속히 하고"(약1:19)

'속히 듣는다.' 사람의 말이든, 하나님의 말이든 마음을 열고 적극적으로 듣는다는 뜻입니다. 하지만 우리는 제대로 듣는 것에 늘 실패합니다. 듣는 것이 어렵기 때문입니다. 왜냐하면 말하는 자의 '말'이 단순하지 않기 때문이고, 듣는 자의 '듣기'도 평범하지 않기 때문입니다. 상담 학자들은 대체로 듣기가 어려울 수밖에 없는 이유로 다섯 가지 장애물을 말합니다.

1. 상대방이 말하려고 의도한 것
2. 상대방이 실제로 말한 것
3. 내가 듣는 것
4. 내가 들었다고 생각하는 것
5. 내가 듣고 싶은 것

이 중에서도 듣기의 문제점은 4번과 5번의 경우, '내가 들었다고 생각하는 것'과 '내가 듣고 싶은 것' 때문에 발생합니다. 다음과 같은 것들이 내재되어 있기 때문입니다.

1. 과거의 경험들을 통해 얻어진 상대방에 대한 선입견
2. 자신이 가지고 있는 세계관
3. 상대방과 내가 사용하는 언어 의미의 차이

그러므로 '속히 듣기' 위해서 중요한 것은 내가 듣는 것에 집중하기보다 상대방의 말과 의도에 집중하는 것입니다. 하나님의 말씀을 들을 때도 마찬가지여야 합니다. '듣기'가 전부라고 해도 틀리지 않습니다.

* 묵상질문
나는 다른 사람의 말이나 하나님의 말씀을 귀 기울여 속히 듣고 있다고 생각하십니까?

더디 말하기

* Lexio 읽기 / 야고보서 1:19
가능하면 오늘의 본문을 먼저 읽는 것이 좋지만 바로 아래 글을 읽어도 좋습니다. 충분히 본문을 이해하도록 배려하며 글을 썼습니다. 혹시 본문을 읽으신 분은 감동이 오는 말씀이나 단어 혹은 느낌을 간단히 적으시면 좋습니다.

"사람마다 듣기는 속히 하고"(약1:19)

듣는 것이 중요한 만큼 동일한 무게로 '말하기'가 중요합니다. '속히 듣기'(NIV/quick to listen)와 함께 필요한 것이 '더디 말하기'(NIV/slow to speak)라고 야고보는 말합니다.

"말하기는 더디 하며"(약1:19)

어떤 랍비가 이렇게 말하였습니다.

"인간에게 귀는 두 개지만 혀는 한 개다. 귀는 항상 열려 있어서 교훈을 언제든지 받아들이도록 되어 있으나, 혀는 두 줄의 이빨로 굳게 둘러싸인 채 통제되고 있는데, 이는 말은 적게 하고 듣기는 신속하게 하라는 뜻이다."

듣기도 힘들지만 말하기도 쉽지 않습니다. 말하기는 앞의 듣기 차원의 이해처럼 몇 가지 기억해야 할 것이 있습니다.

1. 정확하게 자신을 말해야 합니다. 다른 사람의 권위에 의존하거나 다른 사람에게 책임을 전가하는 방법을 가지고 말해서는 안 됩니다.
2. 상대방을 단정 지어 말해서는 안 됩니다.
3. 말할 때 매우 구체화된 그림으로 이해하기 쉽게 설명해야 합니다.
4. 자신의 생각들을 솔직하게 표현하고 복잡하게 이중 언어(double language)를 사용하지 말아야 하며 정확하게 자신의 의도를 드러내야 합니다.
5. 감정들도 솔직하고 명확하게 표현해야 합니다.
6. 언어적인 표현과 함께 비언어적인 표현들도 일치하게 행동해야 합니다. (말은 감사하다고 하면서 얼굴 표정은 비꼬는 듯 보이거나 혹은 관심 없는 것처럼 무시하는 태도를 취해서는 안 됩니다.)

미국의 훌륭한 정치가로 평가받는 사람들 중에 다니엘 웹스터에게 어떤 사람이 어려운 문제 해결을 위해 찾아온 적이 있었습니다. 그때 웹스터가 한 대답입니다. 지혜로운 대답이 나올 수밖에 없는 이유입니다.

"나로 하여금 그 문제를 가지고 하룻밤만 잠자게 해 주십시오."

* 묵상질문
나의 말하기는 어떻다고 평가하겠습니까?

더디 성내기

* Lexio 읽기 / 야고보서 1:19-20

가능하면 오늘의 본문을 먼저 읽는 것이 좋지만 바로 아래 글을 읽어도 좋습니다. 충분히 본문을 이해하도록 배려하며 글을 썼습니다. 혹시 본문을 읽으신 분은 감동이 오는 말씀이나 단어 혹은 느낌을 간단히 적으시면 좋습니다.

"사람마다 듣기는 속히 하고 말하기는 더디 하며"(약1:19)

우리는 듣고 판단하며 쏟아내어 말을 합니다. 이처럼 속히 듣는 것과 더디 말하는 것에 실패하기 때문에 나오는 현상이 '성내기'입니다.

분명히 성내지 않고 분노 없이 사는 것이 어떻게 가능하냐고 물을 것입니다. 당연히 어렵습니다. 그래서 야고보는 "노하기도 더디"(표준새번역/약1:19, NIV/slow to become angry) 하라고 말한 것입니다. '분노하지 말라'가 아니라 분노하더라도 한 템포를 늦춰서 하라는 이야기입니다.

성경을 보면 급하게 노를 발함으로 치명적인 손실을 본 사람이 나오는데, 모세입니다. 광야를 걸어온 이스라엘 백성이 물이 없음을 인해 불평할 때입니다. 하나님은 이러한 이스라엘의 요청에 대하여 모세에게 지팡이를 들고 "반석에게 명령하여 물을 내라"(민20:8)고 말씀하셨습니다. 그런데 그때 모세는 분노하고 있었습니다. 홍해를 건넜고 광야 생활 동안 역사하신 하나님을 신뢰하지 못하는 이스라엘 백성들의 모습 때문에 화가 났던 것입니다. 그래서 모세는 "반역한 너희여 들으라 우리가 너희를 위하여 이 반석에서 물을 내랴"(민20:10)고 말하면서 지팡이를 들어 반석을 두 번 내리칩니다. 물론 그렇게 많은 분노가 배어 있는 것처럼 보이지 않습니다. 그런데 하나님은 매우 심각한 반응을 보이셨습니다.

> "여호와께서 모세와 아론에게 이르시되 너희가 나를 믿지 아니하고 이스라엘 자손의 목전에서 내 거룩함을 나타내지 아니한 고로 너희는 이 회중을 내가 그들에게 준 땅으로 인도하여 들이지 못하리라 하시니라"(민20:12)

이 일로 인하여 모세는 가나안 땅에 들어가지 못합니다. 억울한 일이지만 하나님께서 문제 삼으신 것은 하나님보다 자신의 의로움을 '성내기'로 드러냈기 때문입니다. 하나님의 종으로서 '하나님의 거룩함'을 훼손한 것입니다. 하나님의 종으로서 자신을 다스리지 못한 분노는 잘못되었다는 뜻입니다. '성내기'의 위험성입니다. 하나님의 의는 사라지고 인간의 교만한 판단과 더러움이 드러나기 때문입니다. 야고보는 그것을 주의한 것입니다.

> "사람이 성내는 것이 하나님의 의를 이루지 못함이라"(약1:20)

* 묵상질문
나는 너무 쉽게 분노하고 성내지 않습니까? 어떻습니까?

들은 대로 살지 않으면 자신을 잊는다

* Lexio 읽기 / 야고보서 1:21-24

가능하면 오늘의 본문을 먼저 읽는 것이 좋지만 바로 아래 글을 읽어도 좋습니다. 충분히 본문을 이해하도록 배려하며 글을 썼습니다. 혹시 본문을 읽으신 분은 감동이 오는 말씀이나 단어 혹은 느낌을 간단히 적으시면 좋습니다.

"사람마다 듣기는 속히 하고"(약1:19)

들었다면 들은 것은 행해야 합니다. 그런데 우리는 듣기만 하고 행동하지 않습니다. 말씀이 마음속에 들어오는 것 같지만 삶에 영향은 끼치지 않고 잠시 머물다 지나가 버립니다. 그러니까 듣기만 한다는 말은 내 안에 내게 필요한 말만 듣고 자신의 판단에 따라, 자신의 입맛대로만 듣는다는 뜻입니다.

저의 청년 시절 가장 괴로웠던 것은 듣고 결단한 것을 행동으로 옮기지 못하는 것이었습니다. 매번 결단은 하지만 나의 생각과 달리 행동하지 못했습니다. 다짐만 할 뿐 행동하지 못하는 것을 반복했습니다. 그것은 자신을 속이는 것이었습니다.

"너희는 말씀을 행하는 자가 되고 듣기만 하여 자신을 속이는 자
가 되지 말라"(약1:22)

그렇다면 왜 이렇게 행동하는 것입니까? 야고보는 그것을 "모든 더러

운 것과 넘치는 악" 때문이라고 말합니다. 우리 안에서 끝없이 흘러나오는 것, 야고보의 표현으로 말하자면 자신을 위해 존재하고 싶어 하는 이기적인 "자기 욕심"(약1:14)에 지배받고 있기 때문입니다. 그러므로 우리가 정말 하나님의 도를 행하는 자가 되려면 먼저 "모든 더러운 것과 넘치는 악을 내버리고"(약1:21) 말씀을 받아들여야 합니다. 그리고 그 말씀을 따라 행해야 합니다.

'듣고 행해야 한다.' 그 이유에 대해 야고보는 만일 우리가 도를 듣기만 하고 행하지 아니하면 거울로 자신의 얼굴을 보는 것 같아서 곧 잊을 수 있기 때문이라고 말합니다.

> "누구든지 말씀을 듣고 행하지 아니하면 그는 거울로 자기의 생긴 얼굴을 보는 사람과 같아서 제 자신을 보고 가서 그 모습이 어떠했는지를 곧 잊어버리거니와"(약1:23-24)

'자신을 잊어버리다.' 거울에 비춘 것은 분명 자신이지만 행동하지 않으면 그것은 거울 속의 존재에 불과하고, 자신이 아니라고 생각할 위험성이 발생하기 때문입니다. 그러므로 행동하는 것은 확인하는 것이고, 그때 우리는 우리가 누구인지 분명해지는 것입니다. 자신을 잊어버렸다면 하나님의 자녀로 살지 않았기 때문입니다.

* 묵상질문
'살지 않으면 자신을 잊는다.' 어떻게 생각하십니까?

더러움이 없는 경건

* Lexio 읽기 / 야고보서 1:25-27
가능하면 오늘의 본문을 먼저 읽는 것이 좋지만 바로 아래 글을 읽어도 좋습니다. 충분히 본문을 이해하도록 배려하며 글을 썼습니다. 혹시 본문을 읽으신 분은 감동이 오는 말씀이나 단어 혹은 느낌을 간단히 적으시면 좋습니다.

"누구든지 말씀을 듣고 행하지 아니하면 그는 거울로 자기의 생긴 얼굴을 보는 사람과 같아서 제 자신을 보고 가서 그 모습이 어떠했는지를 곧 잊어버리거니와"(약1:23-24)

자신을 잊어버리지 않고 존재하려면 그 모습대로 살아야 합니다. 율법이 필요하다고 야고보가 말한 이유입니다.

"자유롭게 하는 온전한 율법을 들여다보고 있는 자는 듣고 잊어버리는 자가 아니요 실천하는 자니 이 사람은 그 행하는 일에 복을 받으리라"(약1:25)

개역개정에는 "들여다보고 있는"이라고 번역한 까닭에 한 개의 동사로 보이지만 헬라어 성경을 보면 두 개의 동사로 이루어져 있음을 알 수 있습니다. '파라큅사스 에이스(들여다보고 있는)... 카이 파라메이나스' 그런데 무슨 이유에서인지 '계속 머물러 있다'는 뜻의 동사 '파라메이나스'를 번역하지 않았습니다. 하지만 이 동사가 포함되어 번역해야 의미가 분명해집니다. 직역하면 이렇습니다. '율법을 깊이 들여다보고 그리고 계속 그 말씀에 머물러 있다.' 이처럼 말씀에 머물러 있는 상태가 이뤄져야 행동으로 옮겨진다고 야고보는 본 것입니다.

> "우리에게 자유를 주는 완전한 법을 잘 살피고 꾸준히 지켜 나가는 사람은 그것을 듣고 곧 잊어버리는 일이 없으며 들은 것을 실천에 옮깁니다."(공동번역/약1:25)

거울 이야기로 하면 거울을 통해 자기를 확인하고, 그뿐만 아니라 자신의 얼굴에 묻은 티끌도 떼어내고 정리하며 가꾸는 것처럼 말씀을 깊이 살피고 그 말씀으로 내 삶을 평가하며 정리하고 바라보는 것이 중요하다고 야고보는 말한 것입니다. 일종의 자기만의 율법을 가지고 자신을 늘 비춰보며 사는 것을 말했습니다.

여기서 야고보는 작지만 반드시 실천해야 하는 것을 다시 언급합니다. 특히 쉽게 무너질 수 있는 '말'의 문제를 경건의 표현으로 다시 언급합니다. 동시에 어려운 형편이지만 "고아와 과부를" 돌보는 것을 소홀히 하지 않고 무엇보다 "자기를 지켜 세속에 물들지 아니하는", "더러움이 없는 경건"(약1:27)을 사는 것이 중요하다고 말합니다.

* **묵상질문**

더러움이 없는 경건을 유지하며 살기 위하여 우리에게는 스스로 정한 '자기만의 율법', 곧 '자기만의 매뉴얼'이 있어야 합니다. 그런 것이 있습니까?

하나님의 차별

* Lexio 읽기 / 야고보서 2:1-5
가능하면 오늘의 본문을 먼저 읽는 것이 좋지만 바로 아래 글을 읽어도 좋습니다. 충분히
본문을 이해하도록 배려하며 글을 썼습니다. 혹시 본문을 읽으신 분은 감동이 오는 말씀이
나 단어 혹은 느낌을 간단히 적으시면 좋습니다.

"내 형제들아 영광의 주 곧 우리 주 예수 그리스도에 대한 믿음을
너희가 가졌으니 사람을 차별하여 대하지 말라"(약2:1)

오늘 우리 시대와 마찬가지로 야고보가 있던 시절도 차별이 심했습니
다. 교회를 찾아 나오는데 금가락지를 끼고 아름다운 옷을 입은 사람들
은 우대받고 존귀하게 여김을 받았지만 초라한 행색을 한 가난한 사람
들은 교회에서도 소홀히 여김을 당했습니다.

"만일 너희 회당에 금 가락지를 끼고 아름다운 옷을 입은 사람이
들어오고 또 남루한 옷을 입은 가난한 사람이 들어올 때에 너희
가 아름다운 옷을 입은 자를 눈여겨 보고 말하되 여기 좋은 자리
에 앉으소서 하고 또 가난한 자에게 말하되 너는 거기 서 있든지
내 발등상 아래에 앉으라 하면"(약2:2-3)

이런 모습은 오늘 우리가 사는 세상에서 더욱 심화되고 있는 것이 사
실입니다. 시간이 흐를수록 세상은 점점 차별적으로 변해가고 있는 느
낌입니다. 그런데 더 놀라운 것은 다른 의미에서 하나님도 차별하시는

것입니다.

> "하나님이 세상에서 가난한 자를 택하사 믿음에 부요하게 하시고
> 또 자기를 사랑하는 자들에게 약속하신 나라를 상속으로 받게
> 하지 아니하셨느냐"(약2:5)

얼핏 들으면 하나님께서 부자들을 미워하시고 가난한 자들만 축복하시는 것처럼 오해할 수 있습니다. 하지만 자세히 읽어보면 그런 뜻이 아님을 알 수 있습니다. 이 말씀을 이해하기 쉽게 배열하여 읽으면 보입니다.

> "하나님이 세상에 대하여는 가난하지만 여전히 믿음으로 사는 가
> 난한 자를 택하사 믿음을 부요하게 하시고, 또 하나님을 사랑하
> 는 자들에게 약속하신 나라를 상속받도록 하셨습니다. 그렇지
> 않습니까?"(하정완의역/약2:5)

하나님도 차별하십니다. 물론 그 차별은 우리에게 주신 믿음으로 사는 자들에게 더 큰 믿음을 주시고 하나님 나라를 사모하며 살도록 분명한 확신을 주시는 차별입니다. 그렇게 우리를 이 세상과 차별된 존재로 살게 하시는 것입니다. 멋있는 하나님이십니다.

* 묵상질문
우리는 차별된 존재입니다. 그 존재의 특징은 당연히 믿음입니다. 그 같은 차별됨이 나에게는 있습니까?

⸺⸺⸺⸺⸺⸺⸺⸺⸺⸺⸺⸺⸺⸺⸺⸺⸺⸺⸺⸺

⸺⸺⸺⸺⸺⸺⸺⸺⸺⸺⸺⸺⸺⸺⸺⸺⸺⸺⸺⸺

노몬 바실리콘

* Lexio 읽기 / 야고보서 2:6-9
가능하면 오늘의 본문을 먼저 읽는 것이 좋지만 바로 아래 글을 읽어도 좋습니다. 충분히
본문을 이해하도록 배려하며 글을 썼습니다. 혹시 본문을 읽으신 분은 감동이 오는 말씀이
나 단어 혹은 느낌을 간단히 적으시면 좋습니다.

> "하나님이 세상에서 가난한 자를 택하사 믿음에 부요하게 하시고
> 또 자기를 사랑하는 자들에게 약속하신 나라를 상속으로 받게
> 하지 아니하셨느냐"(약2:5)

가난해도 믿음으로 사는 이들을 가난하기 때문에 업신여기는 것은 옳지 않다고 말하면서 야고보는 우리를 업신여기는 자들이 부자, 곧 세속적 권력과 부요를 가진 자들이 아니냐고 질문을 던집니다. 아무 피해도 주지 않는 가난한 이들에게 함부로 대하고 부한 이들에게는 쩔쩔매며 특별 대우하는 것은 옳지 않기 때문입니다.

재미있게도 차별하는 크리스천들이 "네 이웃 사랑하기를 네 몸과 같이 하라"는 말씀을 따라 한 것이라고 변명했던 것 같습니다. 이에 대해 야고보는 직설적으로 말합니다.

> "너희가 만일 성경에 기록된 대로 네 이웃 사랑하기를 네 몸과 같
> 이 하라 하신 최고의 법을 지키면 잘하는 것이거니와 만일 너희
> 가 사람을 차별하여 대하면 죄를 짓는 것이니 율법이 너희를 범

법자로 정죄하리라"(약2:8-9)

물론 이 말씀의 행간에 숨은 뜻은 "네 이웃 사랑하기를 네 몸과 같이 하라"는 "최고의 법"을 공평하게 삶 속에서 실행할 것을 야고보는 요청한 것입니다. "최고의 법"으로 번역된 헬라어 '노몬 바실리콘'은 직역하면 '왕국의 법도'(NIV/the Royal Law)인데 하나님 나라의 상속자라면 그 왕국의 법도를 따라 살라는 뜻입니다. 그래야 하나님 나라의 왕적 권세를 사용할 수 있다고 암시한 것입니다.

『어린왕자』를 지은 생텍쥐페리의 전기를 보면 이런 이야기가 나옵니다. "만약에 당신이 배를 건조하기 원한다면 나무를 모아오라고 소리치며, 임무를 분담시키고, 일하라고 명하지 말라! 오히려 그들로 하여금 광활한 끝이 없는 바다를 향한 동경을 불러일으키라."

이 이야기에 비춰볼 때 "네 이웃 사랑하기를 네 몸과 같이 하라"는 말은 눈에 보이는 것에 얽매이지 말고 넓고 큰마음으로 하나님 나라의 권세자로 살라는 뜻입니다. 그런데 고작 세속적인 기준을 따라 사람을 외모로 평가하고 차별하고 사는 삶을 답답하게 여긴 것입니다.

* 묵상질문
'노몬 바실리콘', 왕국의 법도를 따라야 하는데 고작 이 세상 기준을 따라 살며 차별합니다. 어떻게 생각하십니까?

왕적 권위를 가진 자의 품위와 위치

* Lexio 읽기 / 야고보서 2:10-13
가능하면 오늘의 본문을 먼저 읽는 것이 좋지만 바로 아래 글을 읽어도 좋습니다. 충분히 본문을 이해하도록 배려하며 글을 썼습니다. 혹시 본문을 읽으신 분은 감동이 오는 말씀이나 단어 혹은 느낌을 간단히 적으시면 좋습니다.

"만일 여러분이 성경에 기록되어 있는 대로 '네 이웃을 네 몸과
같이 사랑하라' 하신 최고의 법을 지키면 잘하는 것입니다."
(현대인의성경/약2:8)

주님이 주신 "최고의 법"을 좇아 왕적 권세를 누리며 사는 것이 우리가 좇을 길입니다. 그런데 겉모습만 보고 사람을 평가하며 차별한다면 그는 이미 범죄자라고 야고보는 말합니다.

"그러나 여러분이 사람의 겉모양만 보고 판단한다면 죄를 짓는
것이며 율법이 여러분을 범죄자로 선언할 것입니다."
(현대인의성경/약2:9)

심지어 율법 중 하나를 어기기만 해도 율법 전부를 범한 것이라고 말합니다. 그 논리가 흥미롭습니다.

"누구든지 율법을 다 지키다가도 그 중에 하나를 어기면 율법 전
부를 범한 것이 됩니다. '간음하지 말아라'고 하신 분이 '살인하

지 말아라'고도 하셨습니다. 그러므로 간음하지 않아도 살인하
게 되면 율법을 범한 셈이 됩니다."(현대인의성경/약2:10-11)

야고보가 말한 예는 살인한 자는 간음하지 않아도 그 죄를 포함하여
율법을 범한 것이 된다는 말이어서 이해가 쉽지만, 사실 야고보가 말하
고자 한 것은 좀 더 포괄적인 의미를 내포하고 있습니다.

1998년 하버드 대학교 신학대학원 학장이 포르노 사진을 다운로드
한 것들이 발각되어 사임한 사건이 있었습니다. 참 비참한 일입니다. 어
떻게 보면 폭력을 행사한 것도 아니고, 돈을 횡령한 것도 아닙니다. 그런
것과 볼 때 크지 않아 보입니다. 그런데 심각하게 여겼습니다.

그것은 왕적 권세를 지닌 자가 너무나도 비참하고 부끄러움을 범했기
때문입니다. 이미 스스로 하나님의 거룩함과 영광을 훼손한 것이었습니
다. 그의 신학적 논지가 아무리 탁월한 하버드 대학교 신학대학원 학장
이라 할지라도 그의 행위는 모든 율법과 하나님의 말씀을 부끄럽게 만
드는 사건이었기 때문입니다. 그런 의미에서 모든 율법을 어기고 가볍게
만든 사건이라 말할 수 있었던 것입니다.

* 묵상질문
하나님 나라의 왕적 권세를 가진 자의 품위와 위치, 그리고 면모를 지키며 살아야 합니다.
그것이 하나님 나라를 드러내는 것입니다. 아시겠습니까?

행위, 믿음의 흔적

* Lexio 읽기 / 야고보서 2:14

가능하면 오늘의 본문을 먼저 읽는 것이 좋지만 바로 아래 글을 읽어도 좋습니다. 충분히 본문을 이해하도록 배려하며 글을 썼습니다. 혹시 본문을 읽으신 분은 감동이 오는 말씀이나 단어 혹은 느낌을 간단히 적으시면 좋습니다.

"내 형제들아 만일 사람이 믿음이 있노라 하고 행함이 없으면 무슨 유익이 있으리요 그 믿음이 능히 자기를 구원하겠느냐"(약2:14)

이와 같은 야고보의 주장은 은혜와 믿음을 말하는 바울의 칭의론과 부딪히는 것처럼 보입니다.

"너희는 그 은혜에 의하여 믿음으로 말미암아 구원을 받았으니 이것은 너희에게서 난 것이 아니요 하나님의 선물이라 행위에서 난 것이 아니니"(엡2:8-9)

이렇게만 보면 바울과 야고보는 충돌하는 것처럼 보이고, 칭의론에 대한 야고보의 전면적인 공격처럼 보입니다. 하지만 이러한 오해는 믿음의 차원을 생각하지 않기 때문에 벌어진 일입니다. 사실 야고보가 말하는 믿음과 행위 이야기는 엄청나게 놀라운 구원을 경험한 이들에게 행위는 책임 같은 것이라는 의미를 갖고 있습니다.

마치 탕자 이야기 경우처럼 아버지의 놀라운 용서와 은혜를 경험한 둘째 아들은 다른 삶을 살아야 합니다. 그런데 전혀 달라지지 않고 똑같다면 치명적인 문제입니다. 탕자 이야기에서 볼 수 있는 것처럼 아들로서의 회복, 즉 구원은 행위와 관계없습니다. 행위와 관계없이 구원에 이릅니다. 하지만 다른 삶을 살아야 합니다. 그것이 옳습니다.

우리가 구원받아 하나님의 자녀가 되었다는 말은 이제 우리는 하나님의 자녀가 된 사실로서의 구원(믿음)과 하나님의 자녀로 살아가는 의미로서의 구원(행위)이라는 두 차원을 산다는 말입니다. 하지만 예전과 똑같다면 하나님의 자녀로 이루어야 할 비전, 사명, 하나님의 소원이 폐기된다는 의미일 것입니다. 하나님의 자녀 된 모습으로 삶으로 살아가지 않아도 자기 구원은 이룰 수 있겠지만 "무슨 유익", 즉 '아무런 영향력'도 세상에 끼칠 수 없다는 말입니다. 이런 뜻입니다.

'둘째 아들 이야기처럼 지위가 회복된 아들의 모습에 걸맞게 행동하지 않는다면 그 믿음으로 얻은 것의 영향력(유익)은 무엇이며 심지어 자기 자신이라도 구원할 수 있겠는가?'

귀신도 믿는 정도의 믿음

* Lexio 읽기 / 야고보서 2:15-20
가능하면 오늘의 본문을 먼저 읽는 것이 좋지만 바로 아래 글을 읽어도 좋습니다. 충분히 본문을 이해하도록 배려하며 글을 썼습니다. 혹시 본문을 읽으신 분은 감동이 오는 말씀이나 단어 혹은 느낌을 간단히 적으시면 좋습니다.

"내 형제들아 만일 사람이 믿음이 있노라 하고 행함이 없으면 무슨 유익이 있으리요 그 믿음이 능히 자기를 구원하겠느냐"(약2:14)

'유익이 없다!' 당연히 다른 사람에게도 도움이 되지 않을 것이고 심지어 자신을 구원할 만한 믿음도 되지 못할 것입니다. 여기서 야고보는 아예 폭탄 발언을 합니다.

"이와 같이 행함이 없는 믿음은 그 자체가 죽은 것이라"(약2:17)

그리고 매우 중요한 논지를 꺼냅니다.

"어떤 사람은 말하기를 너는 믿음이 있고 나는 행함이 있으니 행함이 없는 네 믿음을 내게 보이라 나는 행함으로 내 믿음을 네게 보이리라 하리라"(약2:18)

이 말씀은 믿음과 행위를 구분하는 사람들에게 하는 말입니다. 사실 우리가 빠지기 쉬운 신앙의 형태가 이처럼 믿음과 행위를 구분하는 것입니다. 어떤 사람들은 믿음과 행위를 은사적인 측면에서 이해하기도 합니다. 그래서 '나는 믿음으로 믿음을 보이는 것이고 너는 행위로 믿음을 보이는 것이다'라고 주장합니다.

오늘 한국 기독교의 위험성의 한 단면이기도 합니다. 정말 우리 교회들은 믿음이 좋아 보입니다. 그 뜨거운 기도의 모습을 보면 정말 투사처럼 보이기까지 합니다. 하지만 믿음 좋아 보이는 모습만 존재할 뿐입니다. 실제 교회 밖의 삶은 엉망입니다. 그래서 야고보는 잘못된 교훈, '믿음은 믿음이고 행위는 행위다'라는 거짓에 속지 말라고 권면한 것입니다. 더 심하게 야고보는 그런 믿음은 귀신들의 믿음에 불과하다고 말합니다.

"네가 하나님은 한 분이신 줄을 믿느냐 잘하는도다 귀신들도 믿고 떠느니라"(약2:19)

'귀신들도 믿고 떤다!' 실제로 성경을 보면 사람들이 전혀 알아채지 못할 때 귀신들은 예수님을 먼저 알아보았습니다. 거라사 지방을 지날 때 귀신들이 베드로보다 먼저 "지극히 높으신 하나님의 아들 예수여"(막 5:7)라고 고백한 것은 사실입니다. 그런데 삶으로 표현되고 증명되지 않고 있다면 '헛것'일지도 모른다고 묻고 있는 것입니다.

* 묵상질문
혹시 우리는 귀신 정도의 믿음을 갖고 있는지도 모릅니다. 행동하지 않는다면 말입니다. 나의 믿음은 어떻습니까?

행위가 믿음을 증명하다

* Lexio 읽기 / 야고보서 2:21-22
가능하면 오늘의 본문을 먼저 읽는 것이 좋지만 바로 아래 글을 읽어도 좋습니다. 충분히 본문을 이해하도록 배려하며 글을 썼습니다. 혹시 본문을 읽으신 분은 감동이 오는 말씀이나 단어 혹은 느낌을 간단히 적으시면 좋습니다.

> "네가 하나님은 한 분이신 줄을 믿느냐 잘하는도다 귀신들도 믿고 떠느니라"(약2:19)

우리의 믿음이 귀신 수준의 믿음일 수 있다는 도발적 발언과 함께 야고보는 위험해 보이는 결론을 내리는데 행함으로 의롭다 함에 이른다는 것입니다. 이것의 근거로 야고보는 아브라함(약2:21)과 기생 라합의 예(약2:25)를 듭니다. 그리고 더 나아가 야고보는 매우 중요한 선언적 확증을 합니다. 그것은 '우리가 의롭다 하심을 받고 온전해지는 것이 믿음만으로 되는 것은 아니다'라는 선언입니다.

> "이로 보건대 사람이 행함으로 의롭다 하심을 받고 믿음으로만은 아니니라"(약2:24)

이와 같은 야고보의 주장이 바울과 상충되는 것처럼 느껴지지만 과연 그런 것일까요? 우선 우리는 야고보가 예를 들고 있는 아브라함에 대한 성경의 이야기들을 조합해 볼 필요가 있습니다. 야고보는 아브라함을 예로 드는 첫 구절에서 아브라함이 의롭다 함을 얻은 것을 이삭을 모리아 산에서 제물로 바친 행위의 결과로 설명하였습니다.

> "우리 조상 아브라함이 그 아들 이삭을 제단에 바칠 때에 행함으
> 로 의롭다 하심을 받은 것이 아니냐"(약2:21)

이 말씀만 읽어보면 그런 것처럼 보입니다. 알다시피 모리아 사건은 창세기 22장에 기록된 사건인데, 아브라함은 100세에 낳은 아들 이삭을 하나님께 제물로 바치려 합니다. 아브라함의 믿음은 분명 행위로 표현된 것이 사실입니다. 분명 아브라함의 믿음은 행동이었습니다.

> "아브라함이 그 곳에 제단을 쌓고 나무를 벌여 놓고 그의 아들 이
> 삭을 결박하여 제단 나무 위에 놓고 손을 내밀어 칼을 잡고 그
> 아들을 잡으려 하니"(창22:9-10)

아브라함의 행동을 보고 하나님께서 그를 인정한 것도 사실입니다.

> "네가 네 아들 네 독자까지도 내게 아끼지 아니하였으니 내가 이
> 제야 네가 하나님을 경외하는 줄을 아노라"(창22:12b)

---

* 묵상질문

아브라함의 행동은 그의 믿음을 충분히 증명합니다. 그래서 문제입니다. 우리의 믿음은 그렇지 못하기 때문입니다. 이것을 어떻게 이해해야 합니까?

믿음으로 의롭다 함을 받은 것이다

* Lexio 읽기 / 야고보서 2:23-24
가능하면 오늘의 본문을 먼저 읽는 것이 좋지만 바로 아래 글을 읽어도 좋습니다. 충분히 본문을 이해하도록 배려하며 글을 썼습니다. 혹시 본문을 읽으신 분은 감동이 오는 말씀이나 단어 혹은 느낌을 간단히 적으시면 좋습니다.

"우리 조상 아브라함이 그 아들 이삭을 제단에 바칠 때에 행함으로 의롭다 하심을 받은 것이 아니냐"(약2:21)

이것은 사실입니다. 그래서 앞에서 말한 대로 우리의 행위 없는 믿음이 부끄러워지는 것입니다. 심지어 우리의 행동이 결여된, 혹은 행동하지만 아브라함에 비교하면 너무나 보잘것없는 믿음의 모습 앞에 좌절하지 않을 수 없습니다. 하지만 조금만 더 찬찬히 말씀을 살펴보면 야고보가 말하고자 한 바가 무엇인지 이해할 수 있습니다.

"이에 성경에 이른 바 아브라함이 하나님을 믿으니 이것을 의로 여기셨다는 말씀이 이루어졌고 그는 하나님의 벗이라 칭함을 받았나니"(약2:23)

분명히 야고보는 아브라함이 의롭다 함을 얻은 순간이 성경에 기록된 말씀, "아브람이 여호와를 믿으니 여호와께서 이를 그의 의로 여기"(창15:6)신 사건을 기반으로 하고 있다고 말합니다. 그렇다면 아브라함을 의롭게 한 "이를"은 어떤 사건입니까?

하나님께서는 아브라함의 자손을 계획하고 계셨지만 아브라함은 아이가 없자 자기 임의대로 다메섹 사람 엘리에셀을 상속자로 세웁니다. 그때 하나님께서는 아브라함을 이끌고 하늘의 뭇별들을 보여주시며 하나님의 약속하심을 다시 확인시킵니다. 그 사건 앞에 아브라함은 하나님을 믿었고, 그 믿음을 하나님은 의롭다고 여기십니다(창15:1-7). 이 사건에서 아브라함이 의롭다 함을 받은 것은 분명히 아브라함의 행위와는 상관이 없습니다. 이미 아브라함은 행위적인 측면에서 볼 때 엘리에셀의 경우처럼 아무런 인정도 받을만한 것이 없기 때문입니다.

여기서 우리는 야고보서에 기록된 "아브라함이 하나님을 믿으니 이것을 의로 여기셨다는 말씀이 이루어졌고"라는 말씀에 집중해야 합니다. 헬라어 '에플레로데'는 '플레로오'의 수동태 과거형으로 NIV에서는 "was fulfilled"라고 번역하였습니다. '성취됐다'라는 뜻입니다. 그러니까 아브라함이 이삭을 바친 모리아 산 사건은 이미 이전에 의롭다 함을 받은 사건이 온전히 성취되었음을 표현하는 것이었습니다. 일종의 확증이었습니다.

* 묵상질문
이미 아브라함은 믿음으로 의롭다 함을 얻었고 모리아 산 사건으로 그의 믿음이 온전하다는 것을 확증한 것입니다. 그렇다면 나의 믿음은 어떤 모습입니까?

야고보서 2장 22절의 의미

* Lexio 읽기 / 야고보서 2:22
가능하면 오늘의 본문을 먼저 읽는 것이 좋지만 바로 아래 글을 읽어도 좋습니다. 충분히
본문을 이해하도록 배려하며 글을 썼습니다. 혹시 본문을 읽으신 분은 감동이 오는 말씀이
나 단어 혹은 느낌을 간단히 적으시면 좋습니다.

> "이에 성경에 이른 바 아브라함이 하나님을 믿으니 이것을 의로
> 여기셨다는 말씀이 이루어졌고"(약2:23)

모리아 산 사건이 믿음의 성취라면 이런 질문이 발생하게 됩니다. '그렇다면 창세기 15장의 믿음으로 얻은 의는 불완전하다는 말입니까?' 그렇지 않습니다. 창세기 15장이 믿음으로 하나님의 의롭다 함을 입은 구원의 사건이라면, 창세기 22장은 구원받은 하나님의 자녀가 처절한 싸움과 실패를 이겨내고 온전한 크리스천에 이른 구원의 완성, 곧 성화된 모습을 설명하는 것입니다.

사실 그렇습니다. 우리가 예수를 믿고 의롭다 함을 얻었지만 답답한 우리의 모습, 다시 말해 죄의 반복성을 우리 자신이 너무나도 잘 압니다. '우리가 스스로 온전한 존재다'라고 큰소리치며 다닐 수 있는 존재가 아니라는 것도 알고 있습니다. 그래서 우리는 나의 나 된 것은 전적으로 하나님의 은혜라고 고백하는 것입니다. 그래서 야고보는 21절과 23절 사이에 매우 중요한 설명을 집어넣어 이 모든 것들을 설명한 것입니다.

"네가 보거니와 믿음이 그의 행함과 함께 일하고 행함으로 믿음
이 온전하게 되었느니라"(약2:22)

우리는 여기서 "믿음이 그의 행함과 함께 일하고"라는 말에 주의해
야 합니다. 그러니까 야고보가 행위를 강조하지만 믿음과 행위가 불가
분 한 관계성임을 강조한 것입니다. 사실 우리의 신앙은 매우 위험한 유
혹에 시달리는데, 은근히 행위와 관계없는 믿음의 절대성만을 강조하고
싶어 합니다. 우리의 행위가 보잘것없기 때문입니다. 하지만 이 유혹에
넘어가면 우리의 신앙은 편의주의적 신앙에 빠질 수밖에 없습니다.

야고보는 우리의 행위를 강조함으로 믿음을 약화시킬 의도가 아니라
행위는 믿음 안에서 움직이는 것이 중요하다는 것을 강조한 것입니다.
우리가 아무리 열심히 일을 하여도 우리의 행위라는 것이 온전할 수 없
기 때문입니다. 그러므로 믿음과 행위는 이율배반적으로 보이지만 상호
적임을 알 수 있습니다. 이제 다시 22절 말씀을 정리하면 이렇게 될 수
있습니다.

"하나님의 은혜 안에서 예수를 믿는 믿음은 하나님의 자녀로서 살아
가고자 하는 행위로 나타나고, 그같이 하나님의 자녀로 살고자 하는 실
제적 행위는 우리의 믿음을 온전한 믿음으로 만드는 것이다."

* 묵상질문
믿음과 행위의 상관관계를 자신의 말로 적어보십시오.

행하자 행하자 행하자

* Lexio 읽기 / 야고보서 2:25-26
가능하면 오늘의 본문을 먼저 읽는 것이 좋지만 바로 아래 글을 읽어도 좋습니다. 충분히 본문을 이해하도록 배려하며 글을 썼습니다. 혹시 본문을 읽으신 분은 감동이 오는 말씀이나 단어 혹은 느낌을 간단히 적으시면 좋습니다.

"네가 보거니와 믿음이 그의 행함과 함께 일하고 행함으로 믿음
  이 온전하게 되었느니라"(약2:22)

야고보가 행위를 강조하고 있기 때문에 믿음을 소홀히 한 것처럼 보이지만 사실 야고보의 강조하는 최종 목표는 믿음이 온전케 되는 것입니다.

아브라함이 창세기 15장에서 믿음으로 의롭다 함을 얻었지만 그 이후에도 아브라함은 아내를 누이로 속이고 자신의 목숨을 구명하는 등 매우 많은 실수들을 범합니다. 그렇다고 해서 아브라함의 믿음으로 인한 의가 무너진 것은 아닙니다. 그런데 시간이 지나면서 모리아 산 사건에서 볼 수 있듯이 결국은 온전한 모습에 이르게 된 것입니다. 야고보의 강조점이 여기에 있습니다. 우리가 열매 없이 믿음을 말하며 하나님의 은혜에만 매일 기대어 사는 삶, 변화가 없는 삶의 불쌍함과 비참함을 경고한 것입니다.

이제 우리의 관심과 노력은 믿음의 성숙으로 인한 행위에 초점 되어

야 합니다. 참하나님의 사람으로, 하나님의 벗이라고 부를만한 사람이 되어 그 은혜에 부응하는 삶을 살기 위하여 몸부림치는 것이 필요할 뿐입니다. 그것을 야고보는 강조하고 있는 것입니다. 그래서 무게 중심을 "행위"에 두는 것이고 소리치는 것입니다. '행함으로 믿음이 온전케 된다!'(약2:22)

우리의 믿음은 행함으로 성장합니다. 바로 훈련의 자리입니다. '자유롭게 예수를 믿으십시오' 하고 그저 내버려두지 않고 훈련을 강조하는 것은 우리의 죄성과 연약함 때문에 홀로 자발적으로 믿음과 행위의 깊이에 이르는 것이 불가능하기 때문입니다. 그래서 직장 생활로 지치고, 힘들고, 피곤하겠지만 그래도 신앙으로 살 것을 요청하고 있는 것입니다. 우리의 목표는 편안하고 넉넉하게 사는 것이 아니라 구속함 받은 하나님의 자녀로 당당히 사는 것이기 때문입니다. 이제 야고보는 이 논지의 마지막을 기생 라합 이야기로 정리하면서 그 중요성을 강조하기 위하여 아예 자신을 향해, 그렇게 살고 싶은 믿음의 사람들을 향해 쐐기 박듯이 말합니다.

"영혼 없는 몸이 죽은 것 같이 행함이 없는 믿음은 죽은 것이니라"(약2:26)

* 묵상질문

행하자. 행하자. 행하자. 행하자. 행하자. 행하자. 행하자... 우리는 무한히 다짐해야 합니다. 동의하십니까?

제 3 부

나는 하나님께 복종한다

자신의 말을 들여다보라

* Lexio 읽기 / 야고보서 3:1-2
가능하면 오늘의 본문을 먼저 읽는 것이 좋지만 바로 아래 글을 읽어도 좋습니다. 충분히 본문을 이해하도록 배려하며 글을 썼습니다. 혹시 본문을 읽으신 분은 감동이 오는 말씀이나 단어 혹은 느낌을 간단히 적으시면 좋습니다.

"영혼 없는 몸이 죽은 것 같이 행함이 없는 믿음은 죽은 것이니라"(약2:26)

지금까지 살핀 것처럼 야고보는 믿음과 행함이라는 매우 중요한 주제를 설명해 왔지만, 이제부터는 무게 중심을 행위의 문제로 옮깁니다. 우선 그 중심점을 '말'에 집중합니다. 그래서 야고보는 이미 1장에서 말에 대하여 설명한 적이 있음에도 불구하고 다시 3장에서 언어를 중심 주제로 삼고 있는 것입니다. 그뿐만 아니라 4장에서는 싸움과 다툼, 허탄한 자랑이라는 또 다른 영역의 말의 문제를 다루고 있고, 5장에서도 영적 언어인 기도에 대하여 설명합니다.

그 첫 마디는 재미있게도 "선생이 많이 되지 말라"(약3:1)는 권면입니다. 당시의 선생, 랍비는 대단히 존경받던 직업이었지만 가장 말을 많이 하는 사람들이었습니다. 그러므로 야고보가 이토록 존경받는 "선생이 많이 되지 말라"라고 말하고 있는 것은 "더 큰 심판"을 받을 수 있는 개연성 때문이라고 설명합니다. '말' 때문입니다. 즉 선생은 다른 사람들보다 많은 말을 하기 때문에 많은 말은 실수로 이어지기도 하고, 어떤 때는 거짓으로 자신을 위장하게 하기도 합니다. 그래서 '말'은 행동하지 않은 채 믿음을 위장할 수 있는 강력한 무기가 될 수 있습니다.

이런 까닭에 야고보의 언어에 대한 이해는 매우 단호합니다. 야고보는 단적으로 "말에 실수가 없는 자라면 곧 온전한 사람"(약3:2)이라고 말합니다. 헬라어 '텔레이오스 아네르', 곧 "perfect man" 완벽한 사람이라는 뜻입니다. 만들어지거나 조작된 언어가 아니라 내 안에서 자연스럽게 흘러나오는 언어가 흠이 없는 사람이 그렇다는 뜻입니다. 그것은 마틴 하이데거가 '언어는 존재의 집'이라고 말한 것처럼 언어 자체가 존재를 말하기 때문입니다. 그래서 요한복음의 시작이 아름다운 것입니다.

> "태초에 말씀이 계시니라 이 말씀이 하나님과 함께 계셨으니 이
> 말씀은 곧 하나님이시니라"(요1:1)

요한은 아예 말씀이 하나님이시라고 말했습니다. 언어는 하나님이 자신을 계시하는 표현 자체라는 말입니다. 야고보는 이것을 안 것입니다. 우리가 쉽게 말하고 있는 이 언어가 단순히 말로 끝나는 것이 아니라 그 안에 존재가 담겨있다는 사실을 알았기 때문입니다.

* 묵상질문
자신의 말을 한번 돌아보십시오. 온전한 사람입니까? 아니면 어떤 사람이라고 여겨지십니까?

지옥 불을 만들지는 않는가

* Lexio 읽기 / 야고보서 3:3-6
가능하면 오늘의 본문을 먼저 읽는 것이 좋지만 바로 아래 글을 읽어도 좋습니다. 충분히 본문을 이해하도록 배려하며 글을 썼습니다. 혹시 본문을 읽으신 분은 감동이 오는 말씀이나 단어 혹은 느낌을 간단히 적으시면 좋습니다.

"우리가 말들의 입에 재갈 물리는 것은 우리에게 순종하게 하려고 그 온 몸을 제어하는 것이라... 이와 같이 혀도 작은 지체로되 큰 것을 자랑하도다 보라 얼마나 작은 불이 얼마나 많은 나무를 태우는가"(약3:3,5)

야고보는 말, 언어로 상징되는 혀를 불의 세계, 많은 나무를 태울 수 있는 강력한 것이라고 표현했습니다. 정말 작아 보이지만 그렇습니다.

한때 우리를 놀라게 했던 지존파의 조직원들 중 한 사람이 법정 최후 진술할 때입니다. 지금은 '예수를 믿어 감사하다'고 이야기하면서 그의 가슴에 깊이 묻혀있었던 강력한 말의 기억을 토로하였습니다. 어릴 적 무척 가난하여서 물감을 사갈 수 없었던 어느 날 선생님은 그에게 화를 내면서 '돈이 없으면 훔쳐서라도 사 와야 될 거 아냐!'라고 말을 했다고 합니다. 그때부터 그것이 그 아이의 삶을 지배하였습니다. 그 선생의 말이 그 아이를 지옥의 삶으로 이끈 것입니다. 그 선생의 입에서 나온 말은 지옥 불같은 것이었습니다.

"혀는 곧 불이요 불의의 세계라 혀는 우리 지체 중에서 온 몸을 더럽히고 삶의 수레바퀴를 불사르나니 그 사르는 것이 지옥 불에서 나느니라"(약3:6)

말은 참 쉽습니다. 그래서 문제입니다. 더욱이 하나님의 통치가 이루어지지 않은 자가 자신 안에 있는 말을 마구 내뱉을 때 지옥 불같은 영향을 끼치게 됩니다.

그러므로 언어에 대한 교훈을 하는 야고보의 진정한 이유는 내 안이 하나님의 통치가 이루어진 세상인가를 물어보라는 뜻입니다. 결국 "선생이 많이 되지 말라"(약3:1)는 말은 바른 선생이 되라는 의미가 있는 것입니다.

바른 리더십은 언어에 달려 있습니다. 그 언어는 내 안의 존재가 만들어내는 존재 현상입니다. 결국 우리가 하나님의 통치가 이루어진 사람이 되길 힘써야 하는 이유입니다. 그 같이 하나님의 통치가 이뤄져 내면의 강건함으로 가득 찬 선생님이 하는 말은 반드시 사람을 살릴 것입니다. 온전한 예수 그리스도의 말씀처럼 말입니다. 리더십은 바로 그때 생기는 것이고, 그런 사람의 말을 듣고 싶어서 사람들이 모일 것입니다.

* 묵상질문
나의 말은 어떤 종류의 말입니까? 나의 말은 사람을 치유합니까? 아니면 사람을 혼란과 분쟁으로 이끌어갑니까?

두 존재가 만들어내는 언어

* Lexio 읽기 / 야고보서 3:7-10

가능하면 오늘의 본문을 먼저 읽는 것이 좋지만 바로 아래 글을 읽어도 좋습니다. 충분히 본문을 이해하도록 배려하며 글을 썼습니다. 혹시 본문을 읽으신 분은 감동이 오는 말씀이나 단어 혹은 느낌을 간단히 적으시면 좋습니다.

> "혀는 곧 불이요 불의의 세계라 혀는 우리 지체 중에서 온 몸을
> 더럽히고 삶의 수레바퀴를 불사르나니 그 사르는 것이 지옥 불
> 에서 나느니라"(약3:6)

10년 전쯤입니다. 어느 고등학교 채플을 인도하러 갔을 때입니다. 30여 분 전에 도착하여 강당에서 기다리고 있는데, 합창단이 성가 연습을 하고 있었습니다. 참 아름다웠습니다. 저는 조용히 구석에 앉아 그 찬양을 들으면서 묵상하였습니다. 마치 아침을 여는 천사들의 찬양 소리와 같았고, 지휘하시는 선생님이 참 부럽고 멋있어 보였습니다. 그리고 20여 분이 지나 이미 연습이 끝나갈 즈음에 한 여학생이 헐레벌떡 뛰어 들어 왔습니다. 미안한 듯 여학생은 찬양 피스를 들고 조심스럽게 단 위로 올라오는데 선생님이 여학생의 머리를 세게 쥐어박으면서 기막힌 말을 하였습니다. "이 새끼가 또 지각이야!"

이어 예배가 시작되었습니다. 그 선생님과 합창단이 나와서 아름다운 찬양을 부르는데 저의 마음은 불편하였습니다. 앞의 모습을 보지 않았다면 모르지만 이미 내 안에는 찬양이 들리지 않았습니다. 선생님의 모

습이 싫어졌고, 그 여학생이 혹시 교무실로 불려가서 매는 맞지 않을까 걱정이 되었습니다. 그때 충격을 지금도 잊을 수 없습니다.

어떻게 이해해야 합니까? 찬양을 근사하게 하니 근사한 것 같은데, 무엇인가 부족한 것 같은 느낌을 어떻게 이해해야 합니까? 우리는 이런 경우 매우 혼란스러움을 느낍니다. 야고보 시대에도 이것은 똑같은 혼란스러움이었던 것 같습니다. 그들이 경험한 것도 같은 종류의 것이었습니다. 그러니까 하나님께 예배하고 찬양하는 혀로 사람들을 욕하고 저주하는 것이 같이 나오는 현상에 대한 혼란이었습니다.

> "이것으로 우리가 주 아버지를 찬송하고 또 이것으로 하나님의
> 형상대로 지음을 받은 사람을 저주하나니 한 입에서 찬송과 저
> 주가 나오는도다"(약3:9-10a)

가이사랴 빌립보에서 베드로가 경험한 것처럼 두 존재가 있기 때문입니다. 그러므로 반드시 전인격에 대한 하나님의 완벽한 통치가 이뤄져야 합니다. 이것을 훈련해야 합니다.

* 묵상질문
다시 한번 자신의 말을 들여다보십시오. 아무도 보지 않을 때 내 입에서는 무슨 말이 나옵니까?

정결하게 하고 재갈을 물리라

* Lexio 읽기 / 야고보서 3:10–12

가능하면 오늘의 본문을 먼저 읽는 것이 좋지만 바로 아래 글을 읽어도 좋습니다. 충분히 본문을 이해하도록 배려하며 글을 썼습니다. 혹시 본문을 읽으신 분은 감동이 오는 말씀이나 단어 혹은 느낌을 간단히 적으시면 좋습니다.

"한 입에서 찬송과 저주가 나오는도다 내 형제들아 이것이 마땅
하지 아니하니라"(약3:10)

아무리 감춰도 마침내 흘러나오는 것이라면 익명성이 보장되는 순간에 더 강력하게 나올 것입니다. 그런 의미에서 아무도 보지 않을 때가 진정한 우리의 영성입니다.

그래서 언젠가는 흘러나오는 것입니다. 야고보는 그것을 강조합니다. 야고보는 언어가 바로 우리의 존재가 드러나는 열매라고 말합니다. 그러니까 우리가 아무리 노력하여도 언젠가는 내 존재됨이 언어 속에 묻혀서 나온다는 것입니다. 그런 의미에서 야고보는 혀, 곧 언어를 길들일 수 있는 성질의 것이 아니라고 말합니다. 왜냐하면 언어는 존재의 표현 양식이기 때문입니다. 그래서 야고보는 혀를 "쉬지 아니하는 악"이라고 표현하였습니다.

"혀는 능히 길들일 사람이 없나니 쉬지 아니하는 악이요 죽이는
독이 가득한 것이라"(약3:8)

78

분명히 우리의 하나님의 통치가 이루어지지 않은 영성에서 흘러나오는 언어, 더욱이 쉬지 않고 만들어내는 악한 언어들은 비록 근사하게 포장했을지라도 사람들의 영혼을 피폐하게 만들고 죽이는 역할을 할 것입니다. 그리고 이것이 내 안으로 흘러들어올 때 우리의 영혼도 죽이고 말 것입니다.

그러므로 우리는 지속적인 하나님의 통치를 받아야 하며, 매우 의도적으로라도 하나님의 아름다운 언어들을 말해야 합니다. 그것이 바로 감사, 기쁨, 찬양, 기도, 사랑, 축복의 언어들입니다. 참 힘든 부분입니다. 그래서 성경은 우리에게 명령합니다. 기뻐할 것을, 감사할 것을, 찬양할 것을, 기도할 것을, 사랑할 것을, 축복할 것을 명령합니다.

> "항상 기뻐하라 쉬지 말고 기도하라 범사에 감사하라 이것이 그
> 리스도 예수 안에서 너희를 향하신 하나님의 뜻이니라"
>
> (살전5:16-18)

이렇게 명령하시는 것은 억지로라도 분노, 저주, 욕설보다는 아름다운 언어들을 말하는 것이 좋기 때문입니다. 우리의 속성을 아시는 주님의 배려인 동시에 확고한 뜻임을 알 수 있습니다.

* 묵상질문
우선 말의 근원인 마음을 정결하게 하십시오. 그리고 말에 재갈을 물리십시오. 잊지 마십시오.

귀신의 지혜는 아닌가

* Lexio 읽기 / 야고보서 3:13-16
가능하면 오늘의 본문을 먼저 읽는 것이 좋지만 바로 아래 글을 읽어도 좋습니다. 충분히 본문을 이해하도록 배려하며 글을 썼습니다. 혹시 본문을 읽으신 분은 감동이 오는 말씀이나 단어 혹은 느낌을 간단히 적으시면 좋습니다.

> "너희 중에 지혜와 총명이 있는 자가 누구냐 그는 선행으로 말미암아 지혜의 온유함으로 그 행함을 보일지니라"(약3:13)

언제나 문제는 하나님으로부터 온 지혜처럼 보이는 지혜입니다. 야고보는 만약에 내 안에 지혜가 있는 것처럼 보일지라도 "독한 시기와 다툼이 있으면"(약3:14) 그것은 바른 지혜가 아니라고 말합니다.

그런데 요즈음 세상에서는 독한 시기와 다툼이 간혹 세상적인 지혜로 등장하기도 합니다. 왜 그렇습니까? 먼저 "독한 시기"로 번역된 헬라어 '젤론 피크론'에서 '젤론'은 '열정'이라고 번역되는 '젤로스'입니다.

열정, 우리가 오해하는 부분입니다. 우리는 열정을 무조건 좋아합니다. 밤을 새워가면서 추구하는 열정, 하지만 히틀러도 그러했고 완전 범죄를 노리는 자들도 대단한 열정을 갖고 있었습니다. 그러나 그들의 열정이라는 것은 '독한 열정'입니다. 그 독한 열정은 지혜 같은 것을 만들어내기도 합니다. 하지만 그 열정에서 나오는 지혜, 예를 들어 완전 범죄를 만들어내는 지혜, 그것은 하나님에게서 나온 것이 아니라 마귀적인 것입니다.

두 번째로 야고보는 지혜가 "다툼이 있으면" 세상적이고 마귀적인 것이라고 말합니다. 여기서 "다툼"으로 번역된 헬라어 '에리데이아'는 매우 희귀한 단어입니다. 원래는 거의 쓰이지 않는 단어로 이전에 아리스토텔레스가 '정치학'(Politika)에서 썼던 단어입니다. 거기서 아리스토텔레스는 '에리데이아'를 '부정한 수단으로 자기 욕심만 추구하는 정치적'이란 의미로 사용했습니다.

분명히 이처럼 독한 열정과 열렬한 투쟁이 세상에서는 지혜로워 보일 수 있어도 결코 하나님적이지 않은 귀신의 지혜이기에 결국에는 요란과 모든 악한 일로 드러날 수밖에 없다고 야고보는 말합니다.

> "이러한 지혜는 위로부터 내려온 것이 아니요 땅 위의 것이요 정욕의 것이요 귀신의 것이니 시기와 다툼이 있는 곳에는 혼란과 모든 악한 일이 있음이라"(약3:15-16)

* **묵상질문**
혹시 나의 열정과 투쟁적인 노력이 정욕의 것이거나 귀신의 것은 아닙니까?

하나님이 주시는 지혜의 결과물

* Lexio 읽기 / 야고보서 3:17-18

가능하면 오늘의 본문을 먼저 읽는 것이 좋지만 바로 아래 글을 읽어도 좋습니다. 충분히 본문을 이해하도록 배려하며 글을 썼습니다. 혹시 본문을 읽으신 분은 감동이 오는 말씀이나 단어 혹은 느낌을 간단히 적으시면 좋습니다.

"샘이 한 구멍으로 어찌 단 물과 쓴 물을 내겠느냐"(약3:11)

'바른 믿음은 언제나 선한 행위로 나타난다.' 야고보가 말하려고 했던 핵심 주제입니다. 동일하게 하나님으로부터 온 지혜를 소유한 자라면 당연히 선행, 곧 선한 행위가 나타납니다. 하나님의 내주하심으로 우리에게 주신 지혜이기 때문입니다.

"너희 중에 지혜와 총명이 있는 자가 누구냐 그는 선행으로 말미암아 지혜의 온유함으로 그 행함을 보일지니라"(약3:13)

하나님이 주시는 지혜를 가진 자는 온유한 마음을 가지고 선한 삶을 살고 싶어 할 것입니다. 그리고 언제나 하나님의 지혜는 하나님에게 속한 결과물을 만들게 이끌 것입니다. 야고보는 이 결과물을 여덟 가지로 설명하였습니다.

"오직 위로부터 난 지혜는 첫째 성결하고 다음에 화평하고 관용하고 양순하며 긍휼과 선한 열매가 가득하고 편견과 거짓이 없

나니"(약3:17)

"성결", 순수하다는 말입니다. 자기 잇속을 차리는 모습이 아니라 더 럽혀지지 않은 순전함입니다. "화평", 분쟁을 일으키는 것이 아니라 아름다운 평화, 샬롬을 만들어냅니다. "관용", 매우 깊은 인품이 흘러나오는, 그래서 조급함이 없는 온화함입니다. "양순", 다른 사람을 존중함으로 그 사람의 말에 귀를 기울일 줄 아는 여유를 말합니다. "긍휼", 기본적으로 상대방과 나를 동일시하여 쉽게 상대방의 처지로 나를 끌어들이는 힘입니다. "선한 열매", 하는 일마다 선한 열매로 사람들을 안심시킵니다. "편견", 차별하지 않는 모습입니다. 마음이 나누어지지 않고 한 가지 마음으로 바라보는 태도입니다. '거짓이 없음', 자신의 모습 그대로를 솔직하게 드러내며 절대로 상대방을 기만하지 않습니다.

바로 이러한 이런 모습입니다. 그래서 언제나 평화의 방식으로 살고 의를 거두는 것입니다.

"화평하게 하는 자들은 화평으로 심어 의의 열매를 거두느니라"
(약3:18)

* **묵상질문**
나는 무엇을 심는 사람이고, 나의 삶은 무엇을 거두는 삶입니까?

세상과 벗이 되지 말라

* Lexio 읽기 / 야고보서 4:1-4
가능하면 오늘의 본문을 먼저 읽는 것이 좋지만 바로 아래 글을 읽어도 좋습니다. 충분히 본문을 이해하도록 배려하며 글을 썼습니다. 혹시 본문을 읽으신 분은 감동이 오는 말씀이나 단어 혹은 느낌을 간단히 적으시면 좋습니다.

"화평하게 하는 자들은 화평으로 심어 의의 열매를 거두느니라"

(약3:18)

리더는 언제나 하나님의 통치를 받는 자여야 합니다. 그래서 리더는 하나님의 음성을 청종함으로 세상을 바른길로 인도하는 사람이 되는 것입니다. 그것이 바로 지혜입니다. 솔로몬도 그랬습니다. 하나님의 백성을 어떻게 인도할 수 있을 것인가를 고민하다가 구한 것이 지혜였습니다(왕상3:9). 그러므로 지혜를 구하는 자들은 언제나 하나님의 말씀에 청종할 수 있는 자여야 합니다. 그런 지혜로운 자들이 있는 곳에는 하나님의 평화, 곧 샬롬이 일어날 것입니다.

그렇다면 싸움과 다툼이 일어나는 이유는 무엇입니까? 반목과 질시가 일어나는 이유는 무엇입니까? 이에 대하여 야고보는 그 이유를 "갈등을 일으키는 욕정"(공동번역/약4:1) 때문이라고 분명하게 말합니다. 그러니까 싸움은 언제나 자신의 강한 욕심, 즉 철저한 이기주의에 기초한 욕망에서 비롯된다고 정리한 것입니다. 그런 관점에서 내 주변에서 빈번히 일어나는 싸움과 불평, 편견과 반목은 나의 잘못된 욕망에서 비롯된 것은 아닌지를 살펴보아야 합니다.

이와 같은 삶은 우리를 더 피폐하게 만들 것입니다. "정욕", 곧 이기주의에 기초한 욕망으로 신앙생활하기 때문입니다. 기도할지라도 하나님이 그 욕망의 기도에 응답하지 않으시기 때문입니다.

> "구하여도 받지 못함은 정욕으로 쓰려고 잘못 구하기 때문이라"
> (약4:3)

야고보는 이처럼 정욕에 사로잡힌 자들을 "간음하는 여자", "세상과 벗된 것", "하나님과 원수"(약4:4)라고 표현했습니다. 더욱이 '세상과 벗이 된다는 것'은 이미 교회와 세상이 다를 바가 없어지고 말았다는 의미이기 때문입니다. 이스라엘의 경우처럼 애굽을 떠나 가나안에 도착할 때까지 그들은 하나님을 떠난 적이 없었습니다. 하지만 그들이 하나님과 원수가 됩니다. 상상도 할 수 없는 일이 일어났던 것은 하나님을 떠난 적은 없었지만 이방 문화의 음란함과 쾌락의 친구가 되었을 때였습니다. 세상의 방법을 하나님의 법과 섞어 혼용한 순간부터, 순결을 잃은 순간부터였습니다.

* 묵상질문
세상과 타협하지 마십시오. 영적 순결을 잃지 마십시오.

시기하기까지 사모하는 성령 앞에

* Lexio 읽기 / 야고보서 4:5-6

가능하면 오늘의 본문을 먼저 읽는 것이 좋지만 바로 아래 글을 읽어도 좋습니다. 충분히 본문을 이해하도록 배려하며 글을 썼습니다. 혹시 본문을 읽으신 분은 감동이 오는 말씀이나 단어 혹은 느낌을 간단히 적으시면 좋습니다.

"누구든지 세상과 벗이 되고자 하는 자는 스스로 하나님과 원수
되는 것이니라"(약4:4)

아모스가 활동하던 여로보암 2세 시대는 솔로몬 이래 가장 풍요롭고 부요한 시대였습니다. 하지만 동시에 그때가 가장 곤핍하고 영적으로 피폐한 시기였습니다. 그러니까 그 당시의 화려한 궁궐과 성소 그리고 근사한 제사장과 부유한 환경은 영적 부흥이 아니었던 것입니다. 그것을 부흥이라 여기는 것을 야고보의 표현을 빌려 말하자면 그것은 '세상과 벗이 된' 세계관 아래서의 부흥일 것입니다.

이미 목사가 세상 법률에 의하여 유죄를 선고받고 돈과 여자 문제로 얽혀있는데, 교회에 사람만 가득 있으면 영적 부흥이 이루어진 것입니까? 쓸모없는 생각으로 가득하고 자신만을 위하여 살기를 좋아하며 불의, 더러움과 타협하고 세상에서 부요해지기를 시도하는 사람들이라도 교회만 채우면 부흥입니까? 비록 남루하고 무수한 사람이 없을지라도 반듯한 영성을 지니고 세상에서 바른 태도로 하나님의 통치를 받고 살아가는 사람들이 있는 곳이 영적 부흥이 이루어진 것이 아닙니까? 그러

므로 우리 교회 안에 뜨거운 심장을 가진 하나님의 청년들이 없다면 이미 우리의 목회는 실패한 것입니다.

더욱 큰 비극은 어느 때부터인가 스스로 "세상과 벗이 되고자 하는" 이들이 있다는 사실입니다. 더욱이 그것을 정당화하고 하나님의 사람으로 함께 살고자 하는 노력을 폄하하거나 훼손하는 사람들도 존재합니다. 이러한 세상을 향한 하나님의 마음, 이미 세상적 마음이 가득하고 세속적인 세계관으로 감염된 세상을 향한 하나님의 태도는 무엇이라고 생각하십니까? 바로 간절함입니다.

> "너희는 하나님이 우리 속에 거하게 하신 성령이 시기하기까지 사모한다 하신 말씀을 헛된 줄로 생각하느냐 그러나 더욱 큰 은혜를 주시나니 그러므로 일렀으되 하나님이 교만한 자를 물리치시고 겸손한 자에게 은혜를 주신다 하였느니라"(약4:5-6)

이처럼 당신의 백성들을 잃지 않으려는 하나님의 열정은 성령의 음성에 순종하는 이들에게 "더 큰 은혜를 주시"는 것입니다. 그것이 겸손이기 때문입니다.

* 묵상질문
타협하지 마십시오. 변질되지 마십시오. 시기하기까지 사모한다 하신 성령의 음성에 청종하여 사십시오.

나는 하나님께 복종한다

* Lexio 읽기 / 야고보서 4:7

가능하면 오늘의 본문을 먼저 읽는 것이 좋지만 바로 아래 글을 읽어도 좋습니다. 충분히 본문을 이해하도록 배려하며 글을 썼습니다. 혹시 본문을 읽으신 분은 감동이 오는 말씀이나 단어 혹은 느낌을 간단히 적으시면 좋습니다.

> "그러므로 일렀으되 하나님이 교만한 자를 물리치시고 겸손한 자
> 에게 은혜를 주신다 하였느니라"(약4:6)

교만과 겸손은 하나님에 대한 태도입니다. 아예 야고보는 "하나님께 복종"할 것을 요청하였습니다.

> "그런즉 너희는 하나님께 복종할지어다"(약4:7)

야고보가 이것을 말하는 이유는 바로 우리 안에서 벌어지는 싸움의 실체 때문입니다. 우리가 주님을 믿는 제자라고 자처하지만 여전히 세상과 벗이 되고자 하는 마음이 우리 안에 존재하기 때문입니다. 참 힘든 문제입니다.

왜 이렇게 복잡한 것입니까? 야고보는 이런 복잡성을 "두 마음을 품은 자"(약4:8)란 말로 요약합니다. 우리 안에 있는 경향성을 말합니다. 바울이 말한 것처럼 "선을 행하기 원하는 나에게 악이 함께 있는 것"(롬 7:21)과 같은 것입니다. 참 기막힌 현상입니다.

그러니까 매우 선해 보이는 자의 죄의 가능성도 여기에서 나옵니다. 천사의 모습을 하다가도 상상할 수 없는 사탄의 모습을 드러낼 수도 있는 것입니다. 가이사랴 빌립보에서의 베드로의 이중적 행동에서 충분히 알 수 있듯이 말입니다. 그래서 그는 예수를 그리스도라는 메시아 고백을 한 후에 바로 예수님으로부터 사탄아 물러가라는 치명적이고 수치스러운 말을 들을 정도로 하나님을 떠난 마음을 품은 이율배반적 모습을 보인 것입니다.

이처럼 두 마음의 영역에 비집고 들어오는 사탄의 역사를 우리가 이길 수 있는 방법을 야고보는 "하나님께 복종"이라고 말합니다. 사실 그것 외에 다른 방법이 없습니다. 하나님께 복종할 때 우리는 하나님 나라의 통치 아래 놓이는 것이고 거기서 나오는 권세를 누릴 수 있는 것입니다.

"그런즉 너희는 하나님께 복종할지어다 마귀를 대적하라 그리하
면 너희를 피하리라"(약4:7)

두 마음이 우리 안에 존재합니다. 그런데 누구에게 복종할 것인가 하는 문제가 발생합니다. 우리 안에 발생한 기본적 동기들 앞에서 말입니다.

* 묵상질문
'나는 하나님께 복종한다.' 말할 수 있습니까? 그 정도까지 훈련되었습니까?

나는 하나님께 복종한다(실천편)

* Lexio 읽기 / 야고보서 4:7-8

가능하면 오늘의 본문을 먼저 읽는 것이 좋지만 바로 아래 글을 읽어도 좋습니다. 충분히 본문을 이해하도록 배려하며 글을 썼습니다. 혹시 본문을 읽으신 분은 감동이 오는 말씀이나 단어 혹은 느낌을 간단히 적으시면 좋습니다.

- -

- -

"그런즉 너희는 하나님께 복종할지어다 마귀를 대적하라 그리하
면 너희를 피하리라"(약4:7)

두 마음은 우리 안에 존재합니다. 하지만 우리가 죄로 나아가는 것은 하나님께 순복하지 않고 세상과 벗이 되는 방법, 야고보의 표현대로 하면 마귀를 대적하지 않고 마귀의 제안에 순복하였기 때문입니다. 그런데 우리가 경험해 온 것처럼 우리는 온전히 하나님께 순복할 수 없습니다. 우리가 하나님 앞에 온전히 나아갈 수 있는 존재이거나 완벽한 크리스천으로 존재할 수 없습니다. 하나님의 기막힌 은혜를 받고 기막힌 은사를 받았을지라도 우리는 곧 두 마음의 싸움을 하는 존재에 불과합니다. 베드로나 바울처럼 말입니다.

본회퍼가 이렇게 말했습니다. "믿으면 행동하게 되고 믿으면 순종하게 된다. 그런데 믿지 못하면 거꾸로 해보라. 먼저 순종하라 그러면 믿게 될 것이다." 이러한 시도를 야고보는 이렇게 표현했습니다.

"하나님을 가까이하라 그리하면 너희를 가까이하시리라"(약4:8a)

처음부터 완전한 복종이 이뤄지지 않은 것을 슬퍼하지 마십시오. 우선 하나님을 가까이하는 시도를 하십시오. 처음에는 한 가지라도 하십시오. 어떻게 보면 우리 마음은 50:50의 싸움일 수 있습니다. 우리가 세상적 유혹에 빠지고 더러움에 들어서는 것은 사탄에게 속한 마음이 51%가 되기 때문입니다. 늘 우리의 싸움은 이렇습니다. 악해도 우리가 온전히 악한 것이 아닙니다. 그러므로 하나님께 복종한다는 말씀은 내 삶의 영역에서의 과감한 대단위적인 변화만을 이야기하는 것이 아니라 나를 지배하고 있는 세계관과 고정된 삶의 양식을 1% 바꾸는 것을 말합니다. 사실 우리 인생의 차이를 결정하는 것은 1%의 변화와 밀접한 관계를 맺습니다.

'하나님께 복종한다.' 정말 지금까지 내가 살아온 세상 구조에서 분명하게 바뀐 1%가 존재하는 것을 의미합니다. 매우 작은 일처럼 보이지만 지금까지 안 하던 일, 1분 기도하기, 첫 시간을 큐티로 시작하기, 하루를 살다가 멈춰서 하나님을 생각하기, 제구시(오후 3시)에 기도하기, 자기 전에 주님을 생각하기 등 이런 시도들이 51%로 마음을 옮기게 할 것입니다. 하나님께 복종을 시작하는 것입니다.

* 묵상질문
하나님을 가까이하는 나만의 방법들을 적어보시고 시도하십시오

- -

- -

손을 씻을 때 회개한다

* Lexio 읽기 / 야고보서 4:8-10
가능하면 오늘의 본문을 먼저 읽는 것이 좋지만 바로 아래 글을 읽어도 좋습니다. 충분히 본문을 이해하도록 배려하며 글을 썼습니다. 혹시 본문을 읽으신 분은 감동이 오는 말씀이나 단어 혹은 느낌을 간단히 적으시면 좋습니다.

"하나님을 가까이하라 그리하면 너희를 가까이하시리라"(약4:8a)

위대한 신앙인은 위대한 습관을 가진 사람들입니다. 운명처럼 되어버린 습관 말입니다. 1분의 기도 습관일지라도 작은 것에서부터 시작한 사람들입니다. 그래서 야고보는 '하나님께 복종하라. 마귀를 대적하라. 하나님을 가까이하라'고 권면하면서 매우 구체적인 행동을 요청합니다.

"죄인들아 손을 깨끗이 하라"(약4:8b)

'손을 씻는다!' 손을 씻는다고 죄인들의 죄가 사라지겠습니까? 그러므로 야고보는 다른 의미의 말을 한 것입니다. 이어서 그것을 설명했습니다.

"두 마음을 품은 자들아 마음을 성결하게 하라"(약4:8c)

손을 씻는 것은 마음을 씻는 행위였습니다. 손을 씻으면서 주님께 자신의 죄를 고백하고 정결하게 하라는 뜻입니다. 그런데 손을 씻는 것,

대단하지 않습니다. 더욱이 큰일도 아닙니다. 하지만 손을 씻는 것에 회개의 의미를 부여한다면, 하나님 앞에서의 정결의 표현으로 선다면, 그것은 대단한 힘을 가진 우리의 신앙적 행동이 될 것입니다. 그러므로 손을 씻을 때마다 회개하십시오.

이어 야고보는 구체적인 외면적 삶의 방식을 요청했는데 흥미롭습니다.

> "슬퍼하며 애통하며 울지어다 너희 웃음을 애통으로, 너희 즐거움을 근심으로 바꿀지어다 주 앞에서 낮추라 그리하면 주께서 너희를 높이시리라"(약4:9-10)

'웃지 말고 슬퍼하고 울어야 한다'라는 야고보의 말은 전도서 기자가 이야기한 "우매한 자들의 웃음 소리는 솥 밑에서 가시나무가 타는 소리"(전7:6)처럼 소리만 요란할 뿐 불에 타서 재가 되어버릴지도 모르기 때문입니다. 정신없이 웃고 떠들며 즐겁고 신나는 일만 쫓아다니다가 우리 자신의 죄와 심각함, 더 나아가 부르심을 잊어버린 삶을 살지도 모르기 때문입니다.

* 묵상질문
손을 씻을 때마다 회개하십시오. 그리고 마냥 웃기보다 슬픔이 올지라도 자신과 주변을 깊이 들여다보셔야 합니다.

제 4 부

경건한 망설임으로

비방보다 먼저 기도를

* Lexio 읽기 / 야고보서 4:11-12

가능하면 오늘의 본문을 먼저 읽는 것이 좋지만 바로 아래 글을 읽어도 좋습니다. 충분히 본문을 이해하도록 배려하며 글을 썼습니다. 혹시 본문을 읽으신 분은 감동이 오는 말씀이나 단어 혹은 느낌을 간단히 적으시면 좋습니다.

"형제들아 서로 비방하지 말라"(약4:11)

형제, 비방... 정말 어울리지 않는 단어입니다. 그런데 야고보가 속한 공동체에서 이런 어울리지 않는 일이 벌어지고 있었습니다. 아쉽게도 이런 일은 그때만이 아니라 오늘 우리에게도 쉽게 벌어지는 일이기도 합니다.

사실 "형제"라는 단어는 축복과 격려가 더 어울리는 단어입니다. 형제는 비방이나 판단의 대상이 아니라 사랑과 섬김의 대상이고, 존중과 축복의 대상이기 때문입니다. 물론 건강한 비판이나 권면까지 문제 삼은 것은 아닙니다. 야고보가 문제 삼은 것은 "비방"과 "판단" 이었습니다.

"형제를 비방하는 자나 형제를 판단하는 자는 곧 율법을 비방하고 율법을 판단하는 것이라"(약4:11)

여기서 판단한다는 것은 헬라어로 '크리논'으로 재판할 때 쓰는 용어입니다. 즉 단언하여 결정해 버린다는 뜻입니다. 상대방의 이야기를 충분히 듣지도 않은 채 상대방을 무엇이라고 단언해 버리는 행위를 말합니다. 이것은 비방보다는 조금 약해 보이는 것처럼 보이는데, 그렇기 때문에 위험한 것입니다. 우리가 언제나 쉽게 할 수 있기 때문입니다. 주님은 이와 같은 판단의 행위에 대하여 하나님의 심판 앞에 놓이는 중죄라고 말씀하셨습니다.

> "남을 판단하지 마라. 그러면 너희도 판단받지 않을 것이다. 남을
> 판단하는 대로 너희도 하나님의 심판을 받을 것이고 남을 저울
> 질하는 대로 너희도 저울질을 당할 것이다."(공동번역/마7:1-2)

왜 그렇습니까? 반복해서 말하지만 형제는 질책하고 권면할 수 있을지라도 "비방"과 "판단"의 대상이 아니기 때문입니다. 더욱이 왜곡된 여론을 따라 함부로 판단하고 정죄하는 행위는 매우 문제 있는 것입니다. 오히려 비방하고 판단할 만한 일이 보이더라도 우리는 먼저 기도하는 것이 옳습니다. 그를 긍휼히 여기고 불쌍히 여기는 기도가 필요하고 죄의 회개와 돌아설 수 있도록 중보하는 것이 먼저입니다. 주님이 우리들을 위해 기도하신 것처럼 말입니다.

* 묵상질문
우리는 어떤 사람의 죄와 불의가 보이면 비난하고 판단하고 정죄합니다. 하지만 그것보다 먼저 기도해야 합니다. 그렇게 하신 적이 있습니까?

하나님 없이 계획할 수 있다

* Lexio 읽기 / 야고보서 4:13-14
가능하면 오늘의 본문을 먼저 읽는 것이 좋지만 바로 아래 글을 읽어도 좋습니다. 충분히
본문을 이해하도록 배려하며 글을 썼습니다. 혹시 본문을 읽으신 분은 감동이 오는 말씀이
나 단어 혹은 느낌을 간단히 적으시면 좋습니다.

> "들으라 너희 중에 말하기를 오늘이나 내일이나 우리가 어떤 도
> 시에 가서 거기서 일 년을 머물며 장사하여 이익을 보리라 하는
> 자들아"(약4:13)

본문에 등장하는 이들은 그 당시 국제무역을 하고 있었던 상인들로
보입니다. 그들은 매우 잘 짜인 계획을 가지고 무역업을 하고 있었습니
다. "어떤 도시에" 분명히 교역할 대상도시를 정하고 있었고, "일 년을
머물며" 사업하기 위한 기간도 정해져 있습니다. 더불어 "장사하여 이
익"을 남기는 전략도 세워놓은 것으로 보입니다. 물론 어떤 잘못된 계획
이나 불의한 방법을 꾸미는 것도 아닙니다. 전혀 문제가 없는 계획입니
다. 그런데 이런 계획에 대한 야고보의 평가가 좀 이상합니다.

> "내일 일을 너희가 알지 못하는도다 너희 생명이 무엇이냐 너희
> 는 잠깐 보이다가 없어지는 안개니라"(약4:14)

야고보는 분명히 잘못된 계획이라고 말하고 있습니다. 그런데 잘못되
었다는 것을 표현할 때, 야고보는 매우 과격한 문법을 사용했습니다. 그

사람은 무엇인가 알지 못하는 계획을 세운 것이고 "생명"이 위태한 일을 하고 있다고 지적하기 때문입니다. 분명히 무엇인가 잘못되었다고 야고보는 말합니다. 그렇다면 무엇이 잘못된 것입니까?

가장 중요한 것은 계획의 문제점입니다. 특히 완벽한 계획의 문제점입니다. 자칫하면 완벽한 계획은 하나님이 계실 자리를 배제하기 때문입니다. 심지어 '이렇게 하면 성공할 수 있을 것이다'라는 생각은 하나님께 무조건 그 일의 성공을 보장할 것을 압박하기도 합니다.

분명 우리가 계획을 세웁니다. 하지만 그 일을 풀어 가시고 인도하시는 이가 하나님이심을 잊어서는 안 되며 하나님이 계실 자리를 없애서는 절대로 안 됩니다. 그런데 많은 경우 우리는 하나님 없이 일하는 위험에 노출되어 있습니다. 더욱이 모든 것이 잘 될 때 더욱 그렇게 행동하기 쉽습니다. 그러므로 잘 될 때 더욱 조심해야 합니다.

> "사람이 마음으로 자기의 길을 계획할지라도 그의 걸음을 인도하
> 시는 이는 여호와시니라"(잠16:9)

---

* 묵상질문
내가 세운 계획에 하나님이 없다면 무엇을 이루든 모래 위에 쌓은 집 같은 것입니다. 곧 무너질지도 모릅니다. 이것을 잊지 마십시오.

경건한 망설임으로

* Lexio 읽기 / 야고보서 4:14-17
가능하면 오늘의 본문을 먼저 읽는 것이 좋지만 바로 아래 글을 읽어도 좋습니다. 충분히
본문을 이해하도록 배려하며 글을 썼습니다. 혹시 본문을 읽으신 분은 감동이 오는 말씀이
나 단어 혹은 느낌을 간단히 적으시면 좋습니다.

> "들으라 너희 중에 말하기를 오늘이나 내일이나 우리가 어떤 도
> 시에 가서 거기서 일 년을 머물며 장사하여 이익을 보리라 하는
> 자들아"(약4:13)

이 같은 계획을 세우는 것이 문제는 아닙니다. 우리는 계획을 세우고
몸부림치며 실행해야 합니다. 하지만 계획을 세울 때부터 우리는 하나님
을 초청해야 합니다.

> "당신들은 '만일 주님께서 허락해 주신다면 우리는 살아가며 이
> 런 일 저런 일을 해보겠다.' 하고 말해야 할 것입니다."
>
> (공동번역/약4:15)

"만일 주님께서 허락해 주신다면", "주의 뜻이면"(개역개정/약4:15)이라
고 말하는 것은 멋있습니다. 약간의 머뭇거림이 보이는 것 같지만 고든
케디는 그의 야고보서 주석에서 이것을 '경건한 망설임'이라고 표현하였
습니다. 참 근사합니다. "주의 뜻이면"이라고 묻는 것은 어떤 일도 내가
주인이 되어서 실행하고 움직이지 않겠다는 결연한 의지이고 하나님께

순종하겠다는 표현이기 때문입니다.

'경건한 망설임', 그것은 언제나 기도로 드러납니다. 하나님께서 통치하시기를 기대하기 때문입니다. 그 두 번째 발자국은 최선으로 나타납니다. 내가 할 수 있는 모든 것을 준비하는 것입니다.

사도행전 16장에는 바울의 2차 전도여행의 여정을 결정하는 이야기가 나옵니다. 원래 바울은 1차 전도여행을 하였던 지역들을 순회할 계획이었지만 바나바와 갈등을 겪으면서 새롭게 결정해야 했습니다. 그때 바울은 먼저 행동한 것으로 성경은 기록합니다. 물론 그가 고집한 것은 아닙니다. 바울은 자신의 뜻대로 행동하지 않았습니다. 그는 매 순간 '경건한 망설임'으로 주변에서 벌어지는 일들을 민감히 바라보았습니다. 그가 아름다운 이유입니다. 그런데 우리는 주의 음성에 주의하지 않습니다. 내 마음대로 행동하고 심지어 장담하고 자랑합니다. 옳지 않습니다. 그러므로 항상 야고보의 이 권면을 기억하십시오.

> "당신들은 '만일 주님께서 허락해 주신다면 우리는 살아가며 이런 일 저런 일을 해보겠다.' 하고 말해야 할 것입니다. 그런데도 당신들은 지금 허영에 들떠서 장담을 하고 있습니다. 이런 장담은 모두 악한 것입니다."(공동번역/약4:15-16)

* 묵상질문
'만일 주님께서 허락해 주시면'이라는 고백을 기도할 때 넣어보십시오. 꼭 그리해 보십시오

경고

* Lexio 읽기 / 야고보서 5:1-3
가능하면 오늘의 본문을 먼저 읽는 것이 좋지만 바로 아래 글을 읽어도 좋습니다. 충분히
본문을 이해하도록 배려하며 글을 썼습니다. 혹시 본문을 읽으신 분은 감동이 오는 말씀이
나 단어 혹은 느낌을 간단히 적으시면 좋습니다.

"하나님과 주 예수 그리스도의 종 야고보는 흩어져 있는 열두 지
파에게 문안하노라"(약1:1)

야고보서는 "흩어져 있는 열두 지파에게"라고 수신인을 밝힌 것처럼
주로 유대밖에 있는 디아스포라 유대인들에게 보낸 편지입니다. 그들 중
에 간혹 부자가 있을 수는 있지만 대체적으로 정치적으로나 경제적으로
약자였습니다. 그러므로 특별히 모든 교회가 회람해서 볼 수 있도록 한
공동 서신에서 극소수일 수밖에 없는 "부한 자들"(약5:1)을 거명하면서
편지를 쓸 이유는 없습니다. 그럼에도 불구하고 야고보가 그런 대상을
거명하며 썼다면 특별한 이유가 있었던 것입니다.

물질, 성공주의와 밀접한 정욕, 욕심의 문제를 이미 4장에서 상당 부
분 다룬 것의 연장선상에서 본다면 야고보는 잘못된 성공주의에 대한
언급이 필요하다고 생각했던 것 같습니다. 사실 소아시아의 많은 교회
들은 이미 성공주의에 마비된 신앙 구조를 가지고 있었습니다. 회당에
서 금가락지를 자랑하고, 값비싼 옷을 입은 자가 우대되고, 가난한 자
들이 무시당하는 모습을 보일 뿐 아니라 "서로 차별하며 악한 생각으로

판단하는"(약2:4) 일이 비일비재했던 것을 볼 때 상당수 리더들이나 크리스천들이 이 같은 번영신학에 도취되었거나 유혹 받고 있었음을 알 수 있습니다.

그러므로 야고보가 "부한 자들아"라고 말할 때는 단순히 부자들에게 하는 얘기가 아니라 '부한 것을 추구하는 자들', 혹은 '물질적인 것을 숭배하는 자들'에게 하는 경고임을 알 수 있습니다. 그런데 표현이 흥미롭습니다.

> "들으라 부한 자들아 너희에게 임할 고생으로 말미암아 울고 통
> 곡하라 너희 재물은 썩었고 너희 옷은 좀먹었으며 너희 금과 은
> 은 녹이 슬었으니... 너희가 말세에 재물을 쌓았도다"(약5:1-3)

여기에서 "금과 은은 녹이 슬었으니"라는 표현은 약간 의아합니다. 사실 금과 음은 녹슬어도 괜찮기 때문입니다. 슬쩍 닦아내면 여전히 제값을 받습니다. 그렇다면 왜 이렇게 표현한 것입니까? 이어지는 "너희가 말세에 재물을 쌓았도다"라는 말씀에 답이 있습니다. 그때가 되면 지금 대단한 위력을 발휘하는 금과 은이 쓸모없기 때문입니다. 그런데 이 사실을 모른 채 금과 은에 집착하는 삶이 얼마나 어리석은지를 강조한 것입니다.

* 묵상질문
무엇이 소중한 것입니까? 알고 계십니까?

사람을 잃지 말라

* Lexio 읽기 / 야고보서 5:4-6

가능하면 오늘의 본문을 먼저 읽는 것이 좋지만 바로 아래 글을 읽어도 좋습니다. 충분히 본문을 이해하도록 배려하며 글을 썼습니다. 혹시 본문을 읽으신 분은 감동이 오는 말씀이나 단어 혹은 느낌을 간단히 적으시면 좋습니다.

> "너희 금과 은은 녹이 슬었으니 이 녹이 너희에게 증거가 되며 불
> 같이 너희 살을 먹으리라 너희가 말세에 재물을 쌓았도다"(약5:3)

하늘을 보지 않고 말세에 재물을 쌓은 것도 잘못이지만 더 큰 잘못은 사람을 학대하고 잃은 것입니다. 금과 은을 추구하기에 부자들은 품꾼에게 삯을 주지 않았고 착취하였으며(약5:4) 옳고 바른 자들을 능멸하고 죽이고(약5:6) 그 돈으로 화려하게 자신을 위하여 사치하며 살아가므로 매우 중요한 것, 곧 사람을 잃습니다.

> "보라 너희 밭에서 추수한 품꾼에게 주지 아니한 삯이 소리 지르
> 며 그 추수한 자의 우는 소리가 만군의 주의 귀에 들렸느니라...
> 너희는 의인을 정죄하고 죽였으나 그는 너희에게 대항하지 아니
> 하였느니라"(약5:4,6)

하나님이 천하보다 더 귀하게 여기는 사람을 잃어버린 것입니다. 그래서 하나님은 분노하시는 것입니다. 야고보는 하나님이 그들의 눈에서 피눈물을 흘리게 하실 것이라고 경고합니다.

"이번에는 부자들에게도 한마디 하겠습니다. 당신들에게 닥쳐올 비참한 일들을 생각하고 울며 통곡하십시오."(공동번역/약5:1)

시대의 가장 큰 비극은 돈을 위하여 사람을 속이고 능욕하며 죽이는 것입니다. 하나님이 그런 세상을 용서하시겠습니까? '사람은 돈보다 귀하다.' 잊지 마십시오. 더욱이 교회가 사람을 살리는 사역을 하지 않고 건물을 살리는 것에 집중하고 사람의 형편을 돌아보지 않는다면 하나님이 그런 교회를 용서하시겠습니까? 만일 교회의 지도자가 돈과 물질이 우선된 주장을 하고 이처럼 전도된 가치를 우선이라고 얘기하며 성공신학을 가르침의 중심에 둔다면 하나님이 용서하시겠습니까? 우리의 사역은 사람을 살리기 위한 사역이고, 거기에 돈과 시간을 투자하는 것입니다. 그러므로 물질은 사람을 얻는 것에, 양육하고 세우는 것에 사용하십시오. 그것이 지혜로운 것입니다. 물론 성공의 유혹을 받을 것입니다. 그러나 우리는 반드시 사람을 살리고 얻는 일의 성공을 꿈꾸는 것이어야 합니다.

* 묵상질문
사람을 학대하고 통곡하게 하는 등 사람을 잃어서는 안 됩니다. 우리는 사람을 살리는 사역을 해야 합니다. 잊어서는 안 됩니다.

참으며 마음을 굳세게

* Lexio 읽기 / 야고보서 5:7-12

가능하면 오늘의 본문을 먼저 읽는 것이 좋지만 바로 아래 글을 읽어도 좋습니다. 충분히 본문을 이해하도록 배려하며 글을 썼습니다. 혹시 본문을 읽으신 분은 감동이 오는 말씀이나 단어 혹은 느낌을 간단히 적으시면 좋습니다.

"그러므로 형제들아 주께서 강림하시기까지 길이 참으라 보라 농부가 땅에서 나는 귀한 열매를 바라고 길이 참아 이른 비와 늦은 비를 기다리나니"(약5:7)

야고보는 행동하는 믿음을 얘기하는 결론 부분에서 거창한 행동양식을 요청하지 않습니다. 놀랍게도 우리가 가져야 하는 용기는 매우 일반적이고 사소해 보이는 것이었습니다.

첫째는 마음을 굳게 하고 인내할 것을, 둘째는 실제적으로 고통당하는 이웃과 세상 앞에서 기도할 것을, 마지막으로는 사람들의 영혼을 구원하는 일, 전도를 이야기합니다.

"너희도 길이 참고 마음을 굳건하게 하라"(약5:8)

"길이 참고", 참는다는 것은 나를 움직이는 지배적인 것들의 노예가 되지 않고 하나님이 이끄시는 대로 살겠다는 의지입니다. 성령의 이끄심을 받는 살아있는 정신이 나를 이끌어갈 것을 말합니다.

"굳건하게 하라", 이제 남은 것은 굳게 하는 것입니다. 내가 그렇게 몸부림치는 선한 의지의 싸움들, 노력들, 내 안에서 흘러나오는 과거의 세계관과 무의식에 의해 지배되지 않게 늘 바짝 정신 차려서 깨어있는 삶이 참는 것이라면 굳게 하는 것은 연속해서 깨어있는 상태를 의미합니다. 그러니까 정신을 바짝 차리고 예수를 믿는 것을 말합니다.

야고보는 이 이야기를 하면서 농부를 예로 들어 참을 것을, 선지자들과 욥의 인내를 설명하면서 격려하기도 하지만 매우 단도직입적으로 협박성 발언 같은 말을 하였습니다. '주의 강림이 가깝다.'(약5:8), '심판주가 문밖에 서 있다.'(약5:9)

그만큼 절박하고 사람이 필요하기 때문입니다. 썩어 있고 아무런 영향력도 끼칠 수 없는 고깃덩어리 같은 사람 말고 분명하게 의식하며 무의식의 영역에서도 하나님의 통치가 매우 자연스럽게 흘러나오는 사람 말입니다. 그렇게 의식과 무의식의 영역이 일치되어 있는 사람, 곧 하나님이 말씀하시는 대로 의식하고 매우 자연스럽게 행동하고 반응하는 사람이 필요하기 때문입니다.

* 묵상질문
참으며 마음을 굳세게 하는 것, 어떻습니까? 나의 구도적인 삶의 모습입니까?

기도가 가장 강력한 행동이다

* Lexio 읽기 / 야고보서 5:13-16
가능하면 오늘의 본문을 먼저 읽는 것이 좋지만 바로 아래 글을 읽어도 좋습니다. 충분히 본문을 이해하도록 배려하며 글을 썼습니다. 혹시 본문을 읽으신 분은 감동이 오는 말씀이나 단어 혹은 느낌을 간단히 적으시면 좋습니다.

"너희 중에 고난 당하는 자가 있느냐 그는 기도할 것이요 즐거워
하는 자가 있느냐 그는 찬송할지니라"(약5:13)

행동을 강조하는 야고보의 가장 중요한 결론은 기도였습니다. 기도가 가장 강력한 행동이라고 말합니다. 그 기도의 능력, 정확하게 말하면 "믿음의 기도"는 놀랍다고 말합니다. 무섭기까지 합니다.

"믿음의 기도는 병든 자를 구원하리니 주께서 그를 일으키시리라
혹시 죄를 범하였을지라도 사하심을 받으리라"(약5:15)

단순히 병을 치료하는 것만이 아니라 죄의 용서까지 이끌어낼 수 있다고 말합니다. 참 기막힌 일입니다. 그런데 우리는 금방 고개를 갸우뚱합니다. 왜 우리에게 이런 일이 일어나지 않는지 의문이 함께 생겨납니다.

가장 중요한 것은 깨끗한 영성과 관계있습니다. 우리의 기도가 약할 뿐 아니라 스스로 자신의 기도를 불신하는 이유는 깨끗하지 못한 영성

때문입니다. 사실 깨끗하지 못한 영성은 기도의 힘이 생기지 않는 가장 큰 이유입니다. 그래서 야고보는 "의인의 간구"라고 말한 것입니다.

> "의인의 간구는 역사하는 힘이 큼이니라"(약5:16)

의인이기 때문에, 깨끗한 영성을 가진 자이기에 주님이 응답하시는 것입니다. 그러므로 중요한 것은 기도라는 형식이 아니라 우선적으로 죄를 해결하는 것이 필요합니다. 아무리 우리에게 간절함이 있을지라도 죄를 멀리하지 않고 있다면, 경건하지 않다면 당연히 우리의 기도의 힘은 약할 수밖에 없습니다. 그래서 야고보는 죄에 민감하게 반응하고 회개할 것을 요청한 것입니다. 기도를 드리기 전에 중요한 것은 기도하는 자가 정결해야 하는 것입니다.

> "그러므로 너희 죄를 서로 고백하며 병이 낫기를 위하여 서로 기
> 도하라 의인의 간구는 역사하는 힘이 큼이니라"(약5:16)

기도는 연약한 자의 독백이 아니라 가장 강력한 강청입니다. 하나님께서 우리의 기도를 들으시기 때문입니다.

* 묵상질문
다른 어떤 것보다 기도를 먼저 하십시오. 그것이 우리 믿음의 가장 강력한 행위입니다. 아시겠습니까?

기도의 용기

* Lexio 읽기 / 야고보서 5:15-18
가능하면 오늘의 본문을 먼저 읽는 것이 좋지만 바로 아래 글을 읽어도 좋습니다. 충분히 본문을 이해하도록 배려하며 글을 썼습니다. 혹시 본문을 읽으신 분은 감동이 오는 말씀이나 단어 혹은 느낌을 간단히 적으시면 좋습니다.

> "너희 중에 병든 자가 있느냐 그는 교회의 장로들을 청할 것이요
> 그들은 주의 이름으로 기름을 바르며 그를 위하여 기도할지니
> 라"(약5:14)

우리가 기도하는데 가장 큰 걸림돌은 의심과 소심함입니다. 우리는 야고보가 요청한 것 같이 기도할 용기를 갖고 있지 못합니다. 간혹 어떤 이들은 특별히 기도하는 사람이 있다고 생각합니다. 물론 어느 정도 옳을 수 있지만 야고보는 그런 사람들에게 엘리야를 예로 들어 한마디로 이렇게 말합니다.

> "엘리야는 우리와 성정이 같은 사람이로되 그가 비가 오지 않기
> 를 간절히 기도한즉 삼 년 육 개월 동안 땅에 비가 오지 아니하
> 고 다시 기도하니 하늘이 비를 주고 땅이 열매를 맺었느니라"
> (약5:17-18)

'성정이 같다.' 우리와 모든 것이 똑같다는 뜻입니다. 그러므로 기도 응답의 문제는 특별한 것처럼 보이는 사람의 기도가 초점이 아니라 기도

의 방식과 태도의 문제임을 알아야 합니다. 그런 관점에서 볼 때 엘리야의 기도는 '간절한' 기도였고 포기하지 않는 기도였습니다. 기도해도 비가 오지 않았지만 그는 "다시 기도" 하는 간절함의 용기가 있었습니다.

기도는 간절함의 용기가 중요합니다. 언제나 놀라운 기도의 사람들은 간절함과 관계가 있습니다. 기도 대상자와 자신을 동일시해서 그 사람의 처지로 들어가 느끼며 기도하는 사람이 능력의 기도자들입니다. 그런 의미에서 나 자신의 형편을 잘 모르는 어떤 기도자들보다 나를 잘알고 사랑하는 자의 기도가 강력한 것입니다. 그래서 어머니의 기도는 강력한 것입니다.

또 한 가지 간과하지 말아야 할 것은 "교회의 장로들"을 청하여 기도하라는 부분입니다. 초대교회의 장로는 영적 지도자 곧 목사들을 말합니다. 넓게 말하면 영적 부담감을 갖고 있는 리더들을 말합니다. 하나님은 그들에게 영적 권세를 주셨습니다. 그러므로 용기를 가져야 합니다. 무엇보다 기도의 용기가 필요합니다. 깊이 사랑하는 관계에서 나오는 기도의 용기 말입니다.

* **묵상질문**

기도는 용기입니다. 그러나 용기는 사랑에서 강력하게 나옵니다. 사랑이 용기를 만들기 때문입니다. 그러므로 지체들과 교회를 위하여 기도하십시오. 용기를 가지십시오.

사람을 살리는 일의 영광

* Lexio 읽기 / 야고보서 5:19-20

가능하면 오늘의 본문을 먼저 읽는 것이 좋지만 바로 아래 글을 읽어도 좋습니다. 충분히 본문을 이해하도록 배려하며 글을 썼습니다. 혹시 본문을 읽으신 분은 감동이 오는 말씀이나 단어 혹은 느낌을 간단히 적으시면 좋습니다.

> "내 형제들아 너희 중에 미혹되어 진리를 떠난 자를 누가 돌아서
> 게 하면"(약5:19)

야고보서의 마지막은 강력하고 찐합니다. 주님의 마음이 느껴지기 때문입니다. 멸망에 빠진 우리를 위해 그리스도께서 오셨고 십자가에서 저주받아 죽으셨기 때문입니다.

이 마지막 말씀들을 조금만 더 주의해서 보면 리더가 가져야 하는 책임과 용기의 부분임을 알 수 있습니다. 진리에서 떠난 자를 돌아오게 하는 것은 리더가 집중해야 할 중요한 역할이기 때문입니다. 이어 야고보는 돌아서게 하는 자들에게 허락될 놀라운 축복을 언급합니다.

> "이 사실을 알아 두십시오. 죄인을 그릇된 길에서 돌아서게 하는
> 사람은, 그 죄인의 영혼을 죽음에서 구할 것이고, 또 많은 죄를
> 덮어 줄 것입니다."(표준새번역/약5:20)

참 소름 끼치도록 흥분되는 말씀입니다. 우리가 지은 죄조차 사람을

살리고 회복시키면 덮어질 수 있다는 말씀 때문입니다. 이처럼 하나님이 죄인들을 바른길로 인도한 사람들을 축복하는 이유는 하나님의 소원을 이루는 일이기 때문입니다. 천하보다 귀한 한 영혼은 바로 하나님의 자녀들이고 그들을 위하여 목숨을 거는 우리를 하나님이 축복하시는 것은 매우 당연하다고 여기시기 때문입니다.

그렇지 않을지라도 우리는 하나님의 은혜 아래 사는 종들로서 하나님을 기쁘시게 할 수 있는 가장 탁월한 일이기 때문에 사모하는 것이 당연합니다. 그러므로 우리가 복음을 위하여 몸부림치는 노력과 헌신과 싸움을 통하여 한 영혼을 구원하는 일은 하나님으로부터 놀라운 축복을 받는 사건이 아닐 수 없습니다. 더욱이 어느 누구에게도 양보할 수 없는 일이고 말입니다. 이 놀라운 일의 아름다움에 대하여 다니엘은 이렇게 표현하였습니다.

"지혜 있는 자는 궁창의 빛과 같이 빛날 것이요 많은 사람을 옳은
데로 돌아오게 한 자는 별과 같이 영원토록 빛나리라"(단12:3)

사람을 살리는 사역은 주님의 사역이고 우리가 사람을 살리는 일을 추구할 때 우리는 주님의 일에 참여하는 것입니다. 얼마나 멋있습니까?

* 묵상질문
사람을 살리고 세우는 사역을 하고 있다면 전심으로 하십시오. 우리가 할 수 있는 최고의 영광이기 때문입니다.

야고보서 이야기
믿음을 행동하라

일반적으로 야고보서의 저자인 야고보는 누구인지에 대하여 거의 모든 학자들이 공통적으로 예수의 형제 야고보라는 것에 동의합니다. 하지만 같은 어머니 마리아의 몸에서 나온 아들인지, 아니면 요셉이 마리아와 결혼하기 전에 낳은 아들인지, 즉 예수의 동생들인지, 이복동생들인지에 대한 논쟁도 있습니다. 여기서 예수의 이복형(에피파니우스, 그리스 정교의 동방 전통, 제롬)이거나 이복동생(헬비디우스 등)일 것이라는 견해가 팽팽하게 맞서는 것과 함께 예수의 친동생이 아닐 것이라는 견해가 우세합니다.

부정적인 동생 야고보

한 가지 분명한 것은 예수가 살아있을 때는 예수를 반대한 형제였던 것으로 보입니다. 분명 그는 형제였지만 예수님을 전적으로 추종하는 제자가 아니었습니다. 성경의 전후 문맥은 야고보가 예수님을 배척하거나 소홀히 했을 가능성의 단초를 제공하고 있기 때문입니다.

예수님 생애 당시에 나타나는 형제들은 예수님에 대하여 배타적이었습니다. 먼저 형제들은 예수님의 사역을 의심스러운 눈초리로 바라보았습니다. 그래서 예수님이 귀신의 왕 바알세불에 붙잡혀 귀신들려 있다는 소문 앞에 형제들은 예수님을 찾으러 왔었습니다.

> "예수의 친족들이 듣고 그를 붙들러 나오니 이는 그가 미쳤다 함일러라 예루살렘에서 내려온 서기관들은 그가 바알세불이 지폈다 하며 또 귀신의 왕을 힘입어 귀신을 쫓아낸다 하니"(막3:21-22)

그런 까닭에 어머니와 형제들이 왔을 때 주님이 보인 반응은 집 밖으로 나가보지도 않으시며 말씀하시길 "누가 내 어머니이며 동생들이냐"(막3:33)는 매우 치명적인 말씀을 하셨고, 오히려 자신을 따르는 제자들과 주변 사람들을 향하여 "내 형제요 자매요 어머니"라고 표현하셨습니다. 그렇게 표현하는 이유를 주님은 그들이 "하나님의 뜻대로 행하는 자"(막3:35)이기 때문이라고 설명하십니다. 이 말은 거꾸로 되짚어보면 예수 형제들의 입장은 하나님의 뜻대로 반응하고 있지 않았고 인간적인 태도를 취하고 있다는 뜻이 됩니다. 거기에 야고보가 포함되어 있었을 것입니다. 성경은 매우 분명히 형제들의 형 예수에 대한 생각을 정확히 기록하고 있습니다. 특히 요한복음을 보면 "이는 그 형제들까지도 예수를 믿지 아니함이러라"(요7:5)고 기록하고 있습니다.

긍정적인 제자 야고보

여러 정황을 볼 때 야고보는 생전에 예수를 전적으로 신뢰하지 않은 것으로 보입니다. 그렇다면 야고보는 예루살렘 교회의 초대 감독이 될 만큼 강력한 예수의 사람이 언제 된 것입니까?

여러 전승들이 존재하지만 가장 중요한 단초는 예수께서 부활하신 후 야고보에게 나타나신 기록입니다. 바울이 열두 제자와 야고보를 분리하여 기록하고 있는 것을 볼 때, 이 야고보는 제자 야고보가 아니라 예수의 형제 야고보라는 의견이 설득력이 있습니다.

> "게바에게 보이시고 후에 열두 제자에게와 그 후에 오백여 형제에게 일시에 보이셨나니... 그 후에 야고보에게 보이셨으며 그 후에 모든 사도에게와 맨 나중에 만삭되지 못하여 난 자 같은 내게도 보이셨느니라"(고전15:5-8)

또한 이것을 뒷받침하는 기록 중에 2세기 초 자료인 '히브리 복음서'가 있는데 거기에 이런 기록이 있습니다.

"주님은 제사장의 종에게 세마포 옷을 주시고 나서 야고보에게로 가셔서 그에게 나타나셨다. 야고보는 주께서 잠든 자들 가운데서 일어나신 것을 보기 전까지는 주의 잔으로 포도주를 마셨던 시간 이후로 빵을 먹지 않겠다는 맹세를 했기 때문이다. 그러고 나서 주님은 짧게 말씀하셨다. 식탁과 빵을 가져오라. 그러자 즉시 그것이 주어졌다. 그분이 빵을 취하시고 축복하시고 그것을 나누어 의로운 야고보에게 주시며 '내 형제여 너의 빵을 먹으라 인자가 잠든 자들 가운데서 일어났느니라'고 말씀하셨다."(Hennecke and Schneemelcher, New Testament Apocrypha, I:165. 랄프 P. 마틴, 야고보서, 50쪽, 재인용)

예수님이 동생 야고보에게 나타나신 것입니다. 그것은 강력한 도전이 되었을 것입니다. 야고보의 모든 의심은 눈 녹듯이 녹은 것은 분명한 일일 것이고, 그의 그동안의 행동의 부끄러움이 자신의 전인격을 찔렀을 것입니다. 그때부터 그에게 있어서 앉아서 말하는 믿음, 내면적 믿음은 사소한 것으로 보였을 것이고, 그가 할 수 있었던 것은 오직 행동이었을 것입니다.

"나는 행함으로 내 믿음을 네게 보이리라"(약2:18)

행동하는 믿음

은혜, 믿음보다 행동을 강조하는 모습 때문에 마틴 루터는 야고보서를 별로 중요하게 여기지 않았을 뿐만 아니라 '지푸라기 같은 서신서'라는 극단적인 표현을 썼습니다. 이런 입장은 루터만이 아니라 심지어 오늘 시대의 설교자들 사이에서도 야고보서는 주목받지 못하는 이유이기도 합니다.

물론 단편적으로 보면 바울의 로마서를 근거로 '오직 믿음으로만'을 강조하면서 종교개혁을 이끈 루터의 입장에서 행위적인 믿음을 강조하는 야고보서를 약간 경계한 것은 이해되는 것이 사실입니다.

여기서 우리는 야고보가 믿음과 은혜를 말하면서도 행위를 강요한 이유를 살필 필요가 있습니다. 당시 야고보는 세계 흩어진 디아스포라 교회의 감독이었습니다. 그런데 시간이 지날수록 지형은 변화하였습니다. 특히 환난과 핍박 앞에서 무너져 내리는 신앙의 모습과 함께 고난을 피하기 위하여 합리화 되어가는 신앙 형태를 보게 된 것입니다.

야고보는 이 같은 나약한 신앙에 대하여 강하게 경고하고 싶었던 것으로 보입니다. 그런 점에서 바울의 태도와 대척점에 선 것은 당연합니다. 값없이 은혜로 구원을 받았다는 바울의 강조가 행위는 필요 없다는 자기 합리화로 이어질까 하는 걱정이 생겼을 것입니다.

물론 이러한 야고보의 접근은 중요하지만 지나친 강조는 위험하기도 합니다. 분명 야고보의 강조처럼 행위는 공로를 얻는 수단이 아니라 믿음으로 구원 얻은 자의 당연한 표식인데도 불구하고 혼동하기 때문입니다.

그러니까 행위가 믿음의 잣대로 등장할 위험성이 존재합니다. 그때 우리의 믿음이 지푸라기처럼 여겨질 수 있기 때문입니다. 그런 의미에서 바울의 값없는 은혜로 믿음으로 말미암는 구원은 언제나 강조되어야 합니다. 하지만 반복하여 말하지만 그런 것을 이용하여 자신을 정당화시키는 것, 자신의 한심한 행위를 합리화시키려는 것은 분명히 경계해야 합니다. 그런 까닭에 바울도, 야고보도 모두 중요한 것입니다.

> "내 형제들아 만일 사람이 믿음이 있노라 하고 행함이 없으면 무
> 슨 유익이 있으리요 그 믿음이 능히 자기를 구원하겠느냐"(약2:14)

분명히 오늘 우리 시대에 바울과 야고보는 분명히 충돌합니다. 하지만 야고보가 바울을 비난할 수 없고, 바울이 옳고 야고보가 틀리다고 말할 수는 없습니다. 오히려 우리 시대는 바울의 값없이 은혜로 얻는 구원에 대한 강조보다 야고보의 행동하는 믿음을 강조해야 하는 시기일지도 모릅니다.

이제 더 이상 우리는 믿음의 초보를 말하는 이방인이 아니고, 더 이상 한국교회는 축복만 구하는 초대교회 혹은 개척교회가 아닙니다. 타성에 젖은 크리스천, 축복과 은혜만을 구하는 교회, 언제나 자신만 위해서 존재해 달라는 어린아이와 같은 크리스천으로 계속 사는 것은 하나님의 은혜를 값없게 만드는 것이 틀림없기 때문입니다.

야고보의 의미

오늘 우리 시대가 만나는 교회와 크리스천의 문제는 야고보서를 간과했기 때문인지도 모릅니다. 우리의 끝이 없는 부와 축복에 대한 욕망, 개인적인 안위와 평안에 대한 욕구, 그리고 타락과 변질이 도를 넘어서고 있기 때문입니다.

본회퍼가 말한 것처럼 성숙하지 못한 시대일수록 은혜와 용서가 필요하지만 성숙한 시대에는 그 성장 상황에 맞는 행위가 필요하다는 윤리적 요청이 옳기 때문입니다. 그런 의미에서 볼 때 한국교회는 삶으로 신앙을 말해야 하는 때입니다.

분명히 지금 한국교회는 믿음의 초보를 말하는 이방인도 아니고, 배고프고 가난하기 때문에 축복이 절실했던 초기 교회도 아닙니다. 또한 이기적인 크리스천, 축복과 은혜만을 구하는 교회, 언제나 자신만 위해서 존재해 달라는 어린아이와 같은 크리스천으로 살아도 되는 시대도 지났습니다. 그만큼 충분히 축복받았고 성장했기 때문입니다.

이제 분명 필요한 것은 야고보의 메시지입니다. 이제는 유아기적이고 미성숙한 신앙의 모습에서 벗어나 성숙한 시대의 종교로서 한국교회가 행동해야 하는 책임을 져야 합니다. 성숙한 믿음은 당연히 행함으로 나타나는 것이고 그것이 성숙을 증명하는 것이기 때문입니다.

> "어떤 사람은 말하기를 너는 믿음이 있고 나는 행함이 있으니 행함이 없는 네 믿음을 내게 보이라 나는 행함으로 내 믿음을 네게 보이리라 하리라"(약2:18)